图书馆信息化建设与智库服务研究

杨 军 著

北京工业大学出版社

图书在版编目（CIP）数据

图书馆信息化建设与智库服务研究 / 杨军著 . — 北京 ：北京工业大学出版社，2021.5（2022.10 重印）

ISBN 978-7-5639-7995-0

Ⅰ . ①图… Ⅱ . ①杨… Ⅲ . ①院校图书馆－信息化建设－研究②院校图书馆－图书馆服务－研究 Ⅳ .

① G258.6

中国版本图书馆 CIP 数据核字（2021）第 111777 号

图书馆信息化建设与智库服务研究

TUSHUGUAN XINXIHUA JIANSHE YU ZHIKU FUWU YANJIU

著　　者：	杨　军
责任编辑：	郭志霄
封面设计：	知更壹点
出版发行：	北京工业大学出版社
	（北京市朝阳区平乐园 100 号　邮编：100124）
	010-67391722（传真）　　bgdcbs@sina.com
经销单位：	全国各地新华书店
承印单位：	三河市元兴印务有限公司
开　　本：	710 毫米 ×1000 毫米　1/16
印　　张：	10.75
字　　数：	215 千字
版　　次：	2021 年 5 月第 1 版
印　　次：	2022 年 10 月第 2 次印刷
标准书号：	ISBN 978-7-5639-7995-0
定　　价：	58.00 元

前　言

随着信息化时代的到来，图书馆信息化建设已经成为当前图书馆转型发展的必经之路，图书馆立足自身资源提供智库型服务，满足用户的决策咨询需求，成为图书馆提高自身资源利用效率、实现服务升级、展示自身价值的重要途径。

同时，图书馆信息化建设可以使图书馆的功能更加全面，增加图书馆的社会效益和经济效益。图书馆信息化建设以现代化信息技术为手段，以读者的社会需求为导向，通过对图书馆文献信息资源的分析、扩充和梳理，并结合当前智库服务的需求，在为公众服务的基础上，不断地提高图书馆的公共服务、智库服务质量。

全书共七章。第一章为绪论，主要阐述信息与信息化，数字图书馆与现实图书馆，图书馆信息化建设，图书馆智库服务等内容；第二章为图书馆信息化建设存在的问题与发展趋势，主要阐述图书馆信息化建设的问题，图书馆信息化建设的发展趋势，图书馆信息化与地方智库服务实践现状等内容；第三章为图书馆信息资源的建设，主要阐述信息资源的类型与特点，图书馆信息资源建设的内容与重点，图书馆信息资源的利用与评价，图书馆信息公共资源的共建共享等内容；第四章为图书馆信息化建设的平台，主要阐述硬件平台，软件平台，网络平台，体系结构与标准化，图书馆跨平台信息检索系统等内容；第五章为图书馆信息化建设的相关技术，主要阐述共享技术，数据压缩与存储技术，信息采集与检索技术，网络信息资源的组织管理技术，数字化信息资源标准化技术，大数据、云计算、人工智能等新技术等内容；第六章为现代图书馆信息化的应用，主要阐述数字图书馆的发展历史，数字图书馆建设的标准与规范，数字图书馆建设与地方智库建设的协同分析等内容；第七章为图书馆智库服务与智库建设策略，主要阐述图书馆智库职能阐释，图书馆智库服务的策略，图书馆智库建设的策略等内容。

为了确保研究内容的丰富性和多样性，笔者在写作过程中参考了大量理论与研究文献，在此向涉及的专家学者们表示衷心的感谢。

　　最后，限于笔者水平，本书难免存在一些不足。在此，恳请同行专家和读者朋友批评指正！

目 录

1

第一章　绪　论

在信息化时代，信息已成为经济社会发展的重要引擎。图书馆是人类知识的宝库，是重要的信息资源地，图书馆信息化建设在社会发展中具有重要的地位。要加快图书馆信息化建设，促使其更好地发挥信息共享的重要作用，发挥图书馆智库服务的重要功能。本章分为信息与信息化、数字图书馆与现实图书馆、图书馆信息化建设的意义、图书馆智库服务四个部分。主要包括信息的概念、特征、层次、类型和功能，信息化概念及应用，数字图书馆的概念及特点，数字图书馆与现实图书馆之间的关系，图书馆信息化的概念及特征，图书馆信息化建设研究等内容。

第一节　信息与信息化

一、信息

（一）信息的概念

信息对我们来说已并不陌生，在人们的实际生活和工作中，每个人随时随地都在与各种各样的信息打交道，都在不断地接收信息、加工信息、利用信息。在当今社会，人类与信息的关系和人类与空气的关系一样重要。信息无处不在、无时不有，它已经成为人们现在使用率极高的词汇之一。信息究竟是什么，随着社会的进步和对信息的深入研究，人们对信息的认识和理解也在不断地变化。

信息作为一个科学术语被提出和使用，可追溯到 1928 年拉尔夫·哈特莱（Ralph Hartley）在《信息传输》一文中的描述。他认为，信息是指有新内容、新知识的消息。

1948 年，克劳德·艾尔伍德·香农（Claude Elwood Shannon）在《通信的数学理论》中，给出信息的数学定义，认为"信息是用以消除随机不确定性的东西（信息是肯定性的确认，确定性的增加）"，并提出信息量的概念和信息熵的计算方法，从而奠定了信息论的基础。他认为信息是关于环境事实的可通信的知识。信息是通过各种形式，包括数据、代码、图形、报表、指令等反映出来的。

控制论的创始人诺伯特·维纳（Norbert Wiener）在其专著《控制论：或关于在动物和机器中控制和通信的科学》中，阐述信息是我们在适应外部世界、控制外部世界的过程中，同外部世界交换内容的名称；信息就是信息，既非物质，也非能量。信息是物质、能量、信息及其属性的标识。他认为物质、能量和信息是人类社会赖以生存和发展的三大支柱。世界由物质构成，能量是物质运动的动力，而信息是人类了解自然和社会的依据。

中国学者钟义信在《信息科学原理》一书中重新将信息定义为：事物运动的状态以及它的状态改变方式，是物质的一种属性。这里的"事物"不仅包括外部世界的客观物质，也包括精神世界的主观现象；"运动"泛指一切意义上的变化，包括机械运动、思维运动和社会运动；"运动状态"是事物运动在空间上展示的形状和态势。

从哲学的角度说，信息是事物运动的存在或表达形式，是一切物质的普遍属性，实际上包括了一切物质运动的表征。传播学研究的信息是在一种情况下能够减少或消除不确定性的任何事物，它是人的精神创造物。

只要事物之间的相互联系和相互作用存在，就有信息发生。人类社会的一切活动都离不开信息，信息早就存在于客观世界，只不过人们首先认识了物质，然后认识了能量，最后才认识了信息。

信息是物质的普遍属性，是一种客观存在的物质运动方式，它在物质运动过程中所起的作用是表述它所属的物质系统，是在同其他任何物质系统全面相互作用的过程中，以质、能波动形式所呈现的结构状态和历史。在这个概念下，一切反映事物内部或外部互动状态或关系的东西都是信息。

（二）信息的特征

尽管从不同的角度出发对信息存在不同的定义，但是人们对信息的一些基本性质还是存在以下共识。

（1）事实性。信息的内容必须真实可靠。事实是信息的中心价值，不符合事实的信息不仅没有价值，而且可能价值为负，既害人又损己。这就要求信息中的主客体因素都应该符合客观实际，不能对其进行加工、修饰。

（2）普遍性。信息无处不在、无时不有。信息普遍存在于自然界、人类社会中，也存在于人类的思维和精神领域中。无论是自然界的鸟语花香、地震风雨、海啸雷鸣，还是人类社会活动中的语言文字、机械、建筑等无一不是信息的表现。

（3）依附性。信息要借助于某种符号表现出来，如文字、声音、图像等，而这些符号又要依附在纸张或别的物质上，如磁带、磁盘、光盘上。

（4）可存储传输与携带性。信息可以存储起来，以便传递和利用，它既可储存在人的大脑中，也可储存在计算机上。

（5）共享性。信息没有排他性，它可以被共享。

（6）时效性。客观事物本身在不停地运转变化，信息是事物运动的状态和方式，信息也在不断发展更新。因此，信息的存在有着一定的时效性，传播信息必须具备时效的观念。

（7）传递性。信息可以通过多种渠道、多种方式进行空间和时间上的移动，该过程主要依靠光、电、声、磁、语言、表情以及文字等表现出来，如烽火传军情、书信报平安以及电报、电话、电视、高速信息网络等都是人类一直在不断改进的信息传递手段。

（8）可加工性。信息可以通过加工处理由一种状态或形式转换成另一种状态或形式，这就是信息的可加工性。信息资源取之不尽、用之不竭，其加工、利用没有止境，而且投资少、见效快，对经济和社会的发展有着不可估量的作用。在当今社会，谁抢占了知识信息高地就意味着掌握了主动权、制胜权。

（9）客观性。信息是客观现实的反映，不随人的主观意志而改变。如果人为地篡改信息，那么信息就会失去它的价值，甚至不能称之为"信息"了。

（10）动态性。事物是在不断变化发展的，信息也必然随之运动发展，其内容、形式、容量都会随时间而改变。

（11）识别性。人类可以通过感觉器官和科学仪器等方式来获取、整理、认知信息，这是人类利用信息的前提。

（12）载体依附性。信息不能独立存在，需要依附于一定的载体，而且，同一个信息可以依附于不同的载体。

（13）增值性。信息有价值，物质、能量和信息是构成世界的三大要素，缺一不可，信息可对社会经济活动产生有价值性的影响。在加工与使用信息的过程中，经过选择、重组、分析、统计以及其他方式的处理，可以获得更重要的信息，使原有信息增值，从而更有效地服务于不同的对象或不同的领域。信息只有被人们利用才能体现出其价值，而有些信息的价值则可能尚未被人们发现。

（三）信息的层次

1.本体论层次的信息

在最一般的意义上，我们可以将信息定义为事物存在的方式和运动状态的表现形式。这里的"事物"泛指存在于人类社会、思维活动和自然界中一切可能的对象。"存在方式"指事物的内部结构和外部联系。"运动状态"则是指事物在时间和空间上变化所展示的特征、态势和规律。

2.认识论层次的信息

认识论层次的信息是指主体所感知或表述的事物存在的方式和运动状态。主体所感知的是外部世界向主体输入的信息，主体所表述的则是主体向外部世界输出的信息。

在本体论层次上，信息的存在不以主体的存在为前提，即使根本不存在主体，信息也仍然存在。在认识论层次上则不同，没有主体，就不能认识信息，也就没有认识论层次上的信息。

（四）信息的类型

信息可以从不同的角度进行分类，按照信息的产生和作用机制可分为自然信息和社会信息，按照加工处理的程度可分为一次文献信息、二次文献信息和三次文献信息，按信息记录内容可分为经济信息、政务信息、文教信息、科技信息、管理信息和军事信息。还可对信息按范围、发布渠道、稳定程度等方式进行分类。各种分类均是从信息不同的表现形式来划分，都能从各种侧面的叙述来加深我们对信息的理解和把握。

（五）信息的功能

信息的功能同信息的形态密不可分，并往往融合在一起。打个比方，信息的形态是指信息"是什么模样"，而信息的功能是指信息通过它的形态，"能做什么"。现代社会各个学科、各个社会领域都存在信息，说明信息有广泛用途，概括地说，信息主要有以下几种功能。

1.信息是认识事物的媒介

人们每天都要通过视听等感觉器官获取各种信息，以了解情况增长才干，从而更有效地安排活动和实施某些目标。人作为认识主体，认识事物的过程是接受和处理信息的过程，通过事物发出的信息观察事物的各种现象，进而综合、分析、探索、研究、了解事物的属性和本质，所以，信息是人类认识事物的媒介。

2. 信息是人类社会的黏合剂

在某种意义上可以说，是信息把分散的人群联结为一体。没有信息，没有联系，也就没有人类社会。当信息交流量大而快时，社会联系就密切；交流受阻，交流量小而缓慢时，社会联系就松散。

3. 信息是交流工具

人类交流思想、交流知识是通过交流信息来实现的。交流信息使用语言、文字、图像等不同形式的符号，通过印刷品、磁带、胶片等载体及各种电信设备把信息传给接受者。

4. 信息是控制的灵魂

控制是依据信息来干预和调节被控对象的运动状态和状态变化，使被控对象达到预定目标。控制与信息密切相关，控制是信息活动的目的，而信息则是实现高质量控制的灵魂。没有信息，任何被控对象都无法控制。

5. 信息是决策的基础

决策是指个人或组织为达成既定目标，从若干个可供选择的行动方案中挑选出最优方案并付诸实施的过程。信息活动贯穿于科学决策的全过程，并渗透到决策过程的每一个环节。决策者只有在充分掌握信息的基础上，根据客观形势和自己的实际条件，权衡利弊，才能正确确定目标和实施方略。因此，决策人员要有强烈的信息意识和综合分析处理信息的能力，以确保决策的正确性。

二、信息化

（一）信息化的概念

美国等西方国家在发展过程中已将信息化作为发展的重要一项，且在政府职能中也列入了创建信息化的指标。在西方发达国家，其国家信息化的发展水平代表着政府的信息价值观念，由此可见，信息化的发展对国家的发展至关重要。

关于信息化这一概念，最早是由日本学者梅棹忠夫提出的。梅棹忠夫提出的信息化概念主要包括两部分的内容：一是关于信息化概念的抽象理解，这里主要指的是在西方发达国家，社会的发展类型已经由工人劳作的实物生产的工业社会向以知识为核心的信息化社会转变，这种转变影响着劳动工人的生存状态；二是关于日本在发展过程中发生的工业革命的危机与风险，致使其大力推动信息化的发展进程。后来，美国等西方国家大力发展信息技术设施以及全球信息基础设施建设，并致力于信息技术的研究。

（二）信息化应用

信息化是指培养、发展以计算机为主的智能化工具为代表的新生产力，并使之造福于社会的历史过程（智能化工具又称信息化的生产工具，它一般必须具备信息获取、信息传递、信息处理、信息再生、信息利用的功能）。与智能化工具相适应的生产力，称为信息化生产力。智能化生产工具与过去生产力中的生产工具不一样的是，它不是一件孤立分散的东西，而是一个具有庞大规模的、自上而下的、有组织的信息网络体系。这种网络性生产工具将改变人们的生产方式、工作方式、学习方式、交往方式、生活方式、思维方式等，将使人类社会发生极其深刻的变化，具体体现在以下几个方面。

1. 医疗服务信息化

医疗服务信息化是国际发展趋势。随着信息技术的快速发展，国内越来越多的医院正加速实施基于信息化平台、医院信息系统（HIS）的整体建设，以提高医院的服务水平与核心竞争力。信息化不仅提升了医生的工作效率，使医生有更多的时间为患者服务，更提高了患者满意度和信任度，无形之中树立起了医院的科技形象。因此，医疗业务应用与基础网络平台的逐步融合正成为国内医院，尤其是大中型医院信息化发展的新方向。

2. 教育信息化

教育信息化是指在教育领域运用计算机多媒体和网络信息技术，促进教育的全面改革，使之适应信息化社会对教育发展的新要求。教育信息化的核心内容是教学信息化。教学是教育领域的中心工作，教学信息化就是要使教学手段科技化、教育传播信息化、教学方式现代化。教育信息化要求在教育过程中较全面地运用以计算机、多媒体和网络通信为基础的现代信息技术，促进教育改革，从而适应正在到来的信息化社会提出的新要求，对深化教育改革、实施素质教育具有重大的意义。

3. 农业信息化

农业信息化是一个内涵深刻、外延广泛的概念。笔者认为，其基本含义是指信息及知识越来越成为农业生产活动的基本资源和发展动力，信息和技术咨询服务业越来越成为整个农业结构的基础产业之一，信息和智力活动对农业增长的贡献越来越大。总之，农业信息化不仅包括计算机技术，还包括微电子技术、通信技术、光电技术、遥感技术等多项信息技术。

从另一个角度理解，农业信息化是指培育和发展以智能化工具为代表的新的生产力并使之促进农业发展，造福于社会的历史过程。农业信息化是指人类在农业生产活动和社会实践中，通过普遍地采用以通信技术、网络技术和信息技术等为主要内容的高新技术，更加充分有效地开发和利用农业信息资源，推动农业经济可持续发展和社会进步的过程。

4. 企业信息化

企业信息化实质上是将企业的生产过程、物料移动、事务处理、现金流动、客户交互等业务过程数字化，通过各种信息系统网络加工生成新的信息资源，提供给各层次的人们洞悉、观察各类动态业务中的一切信息，以做出有利于生产要素组合优化的决策，使企业资源合理配置，使企业能适应瞬息万变的市场经济竞争环境，求得经济效益最大化。

5. 电子商务信息化

电子商务运营模式推进了企业信息化进程，企业运用现代信息网络技术开展国际合作和交流，实现了企业的经济结构战略性调整，对于提高企业自身社会竞争力和企业品牌必将产生深远的影响。信息化是继工业化之后世界经济的又一场革命，是当今世界经济和社会发展的大趋势，电子商务和企业信息化是国民经济信息化的重要组成部分。企业信息化是电子商务的基础，电子商务又是企业信息化的助推器。大力发展电子商务，推进企业信息化进程，支持企业运用现代信息网络技术开展国际合作和交流，是实现我国经济结构战略性调整的关键，对于提高国民经济和社会总体水平也必将产生深远的影响。

6. 政府信息化

政府信息化是指利用信息技术、通信技术、网络技术、办公自动化技术，对传统政府管理和公共服务进行改革，主要是相对于商务信息技术而言的。从理论上说，就是工业时代的政府（传统政府）向信息时代的政府（现代政府）演变的过程。具体说，政府信息化就是应用现代信息和通信技术，将管理和服务通过网络技术进行集成，对政府需要的和拥有的信息资源进行开发和管理，来提高政府的工作效率、决策质量、调控能力、廉洁程度，并节约政府开支，改进政府的组织结构、业务流程和工作方式，全方位地向社会民众提供超越时间、空间且优质、规范、透明的管理和服务。

第二节 数字图书馆与现实图书馆

一、相关概念

（一）图书馆

笔者对图书馆的理解是，以供外部读者从事学习与研究为目的而进行的相关文献资料的组织、采集，并对其进行收藏与流通的文化机构。刘国钧曾经说过：图书馆可以搜集人类所有的思想及活动，且完整地将其记载，以方便后人查阅及使用。这一段话也印证了图书馆的收藏价值。在我国，图书馆类型主要分为学校图书馆、社会公共图书馆、军事图书馆、儿童图书馆、专业图书馆等，关于图书馆的分类不能根据单一的标准进行划分，需要综合图书馆各方面的因素进行区分，这样才能合理地规划图书馆的类型，以便大家能够方便快捷地找到自己所需的图书资料。

（二）数字图书馆

随着信息技术的快速发展，人们对数字图书馆有了更为深入和广泛的认识与理解，并且由于出发点和落脚点的差异，对数字图书馆的定义形成了许多不同说法，可以说是仁者见仁、智者见智。数字图书馆并不仅仅是一个有着信息管理工具的数字收藏的等价词，数字图书馆更是一个环境，它将收藏、服务和人连在一起以支持数据、信息乃至知识的全部流程，包括从创造、传播、使用到保存的全过程。较有代表性的定义有如下几种。

国际图书馆协会联合会关于数字图书馆的定义是：数字图书馆是高质量数字化馆藏的在线汇集，依据国际普遍接受的馆藏发展原则制作、收藏和管理，以协调统一和可持续的方式开放馆藏，并辅以必要的服务，使读者能够借阅和使用其资源。

美国图书馆协会归纳了流行的数字图书馆的各种定义中具有共性的五个要素：第一，数字图书馆不是一个单一实体；第二，数字图书馆需要链接许多信息资源和技术；第三，多个数字图书馆及信息机构之间的链接对最终用户透明；第四，全球范围存取数字图书馆与信息服务是一个目标；第五，数字图书馆的收藏并不局限于文献的数字化替代品，还扩展到不能以印刷形式表示或传播的数字化人造品。

杨向明提出，数字图书馆一般而言是指利用当今先进的数字化技术，通过诸如国际互联网等计算机网络，使人数众多且又处在不同地理位置的用户能够方便地利用大量的、分散在不同贮存处的电子物品的全部内容。这些电子物品包括网络化的文本、地图、图表、声频、视频、商品目录以及科学、企业、政府的数据集，还包括超媒体和多媒体等。张丽虹总结道，数字图书馆是一个数字化的信息系统，它将分散于不同载体、不同地理位置的信息资源以数字化方式贮存，以网络化方式互相链接，提供即时利用，实现资源共享。但这个定义中，没有体现出数字图书馆的数字参考咨询、网络互动等特点。邱均平认为，数字图书馆是以统一的标准和规范为基础，将有价值的文本、声音和图像等多媒体信息资源数字化，在实施知识信息增值加工后存储于分布式海量资源库群，并以智能检索技术为手段，以电子商务为管理方式，通过广域高速网络向全世界用户提供存储信息服务的平台。吴慰慈等在《图书馆学概论》一书中，将数字图书馆定义为：保存数字格式存贮的电子文献并通过计算机和网络传递所藏数字化信息，同时对网上信息进行虚拟链接并提供服务的信息机构。这个定义中最后的总结为"信息机构"，其实，数字图书馆的种类非常复杂，甚至有个人数字图书馆，有的数字图书馆无法达到一个机构的水平。中国工程院院士高文对数字图书馆的定义是以电子方式存储海量的多媒体信息并能对这些信息资源进行高效的操作，如插入、删除、修改、检索、提供访问接口的信息保护等。并且它具有三个核心定位：第一，数字图书馆应该是一个国家数字文化平台；第二，数字图书馆还应该是一个国家数字教育平台；第三，数字图书馆也是一个国家数字资源平台。

无论哪种描述，都明确地显示出数字图书馆绝不仅仅是传统图书馆的数字化，而是在新的时代、新的背景下，全新化、信息化、数字化、网络化的知识管理和服务体系。数字图书馆的建设和发展本身就是一个循序渐进、逐步实现的过程，对它的理解和认识也必然是一个逐步变化和完善的过程，并且与当时的社会经济环境、技术条件和人类认识水平直接相关。因此，在这个过程中，往往会出现一些阶段性的相关定义，如自动化图书馆、数字化图书馆以及云图书馆等。

二、数字图书馆的特点

与传统图书馆相比，数字图书馆具有数字资源更丰富、服务方式更便捷、资源形式更多元、用户需求更加个性化等特点。因此，可以将数字图书馆的特征归纳为以下几点。

（一）信息资源数字化

数字图书馆的本质特征就是利用现代数字信息技术和网络通信技术，将各类传统介质的文献进行加工处理并转化为数字信息。另外，数字图书馆还应具有存储、保护海量信息的设备和能力。随着数字时代的到来，图书馆的馆藏逐步由实体资源向数字化资源转变，为满足读者的教学和科研需求，图书馆一方面通过购买大量电子资源和数字资源扩充馆藏量，另一方面积极参与自建、共建资源，实现了本地资源的数字化和共享化。在未来的图书馆中，数字资源与传统的印刷型资源将会共同构成图书馆馆藏资源体系，并且会占据主导地位。

（二）服务方式网络化

目前的图书馆服务方式正在由传统方式向网络化、数字化方式转变。传统的图书馆工作主要是以纸质文献的流通阅览为主，其服务方式也必然是以提供纸质资源馆藏服务为重点。这一被动的和机械的方式决定了用户需要到图书馆才能享受服务，如借还服务、检索服务、咨询服务等，也决定了用户只能使用本馆的馆藏与服务，难以与其他机构进行资源共享。然而，移动互联网的出现打破了这种限制，当用户想要接受图书馆服务时，只需要通过一部手机就可以接入图书馆系统，从而享受图书馆带来的服务，如馆藏查询、图书续借、在线咨询、网络信息检索等服务，同时，还可以通过互联网平台轻松实现与其他高校图书馆或机构的资源共享。

（三）信息利用共享化

在数字化和网络化的基础上，数字图书馆的信息利用不仅体现出了跨地域、跨行业的资源无限与服务无限的特征，而且体现出了跨地域、跨国界的资源共建的协作化与资源共享的便捷性。信息传递的网络化使得众多的图书馆能够借助网络获取各类数字信息，以满足用户日益增长的信息需求。就技术方面而言，世界各地的人们都可以通过互联网访问任何一个数字图书馆，对其信息资源进行权限内的自由使用。这种使用不受地理位置和时间的影响，这使数字图书馆真正实现了信息资源在全球范围内的充分共享。

（四）资源形式多元化

数字时代图书馆的资源形式是多元化的，其资源不仅包括传统的纸质文献资源（图书、期刊、报纸等）、新兴的数字资源（电子图书、电子期刊、数据库、多媒体资料等），还包括各种 OA（Office Automation，办公自动化）资源（开放获取期刊、开放获取图书、科研数据库）、高校自建共建资源等。这些资源形式各异，并且分散在不同的地方。对于高校图书馆来说，如何将这些资源进行有效的整合就成为必须要解决的事。随着时代的发展，高校图书馆有了更为先进的技术和手段对资源进行优化管理，可以通过集成系统统一管理资源，从而花费较少的时间和精力，让用户更方便地使用资源。

（五）用户需求个性化

随着数字时代的到来，信息的激增和对信息的高速利用，让用户不再局限于馆藏资源，网络虽然丰富了用户的获取，但也让用户难以准确地在海量资源中提取有用信息。最终演变成了这样一种境况，即人们获取所需信息的准确率随着信息资源的增长越来越低。因此，用户希望图书馆能够提供更多的个性化服务以提高信息资源的利用率。首先，用户希望可以移动获取资源。用户对校外（馆外）访问图书馆资源的需求非常强烈，用户希望不用到图书馆就能够实现各类馆藏资源的访问。移动通信技术和无线网络技术的普及使得用户可以随时随地都能够利用图书馆资源，极大地提高了资源的获取效率。其次，用户希望能够享受定制化服务，按照自己的需求及喜好组织内容，图书馆可以有针对性地推送服务。最后，用户对于个性化社区交流平台的需求程度较高，希望能够有一个平台进行社群交流。

（六）信息服务知识化

知识服务以对互联网信息进行搜索查询为基础，为用户提供有用的信息和资源。一般来说，知识服务可以提供新闻摘要、问答式检索、论坛服务、博客搜索、网站排名、情感计算、倾向性分析、热点发现、聚类搜索、信息分类等知识服务。知识服务与知识管理等概念的提出同技术的发展密切相关，其内涵处在不断发展变化之中。张晓林对知识服务进行了总结，认为知识服务首先是一种观念，一种认识和组织服务的观念。

从观念上看，知识服务之所以不同于传统的信息服务，主要原因表现为几个方面。第一，知识服务是用户目标驱动的服务，它关注的焦点和最后的评价不是"我是否提供了您需要的信息"，而是"通过我的服务是否解决了您的问题"。传统的信息服务的基点、重点和终点是信息资源的获取，而知识服务的基点、重点和终点则是解决用户的问题。第二，知识服务是面向知识内容的服务，它非常重视对用户需求的分析，根据问题和问题环境确定用户需求，通过信息的析取和重组来形成符合需要的知识产品，并能够对知识产品的质量进行评价，因此又被称为"基于逻辑获取的服务"。传统信息服务则是基于用户简单提问和文献处理获取的服务。第三，知识服务是面向解决方案的服务，它关心并致力于帮助用户找到或形成解决方案，因为信息和知识的作用最主要体现在对解决方案的贡献上。解决方案的形成过程，又是一个对信息和知识不断查询、分析、组织的过程，因为知识服务将围绕解决方案的形成和完善而展开，与此对应的传统信息服务则满足于具体信息、数据和文献的提供。第四，知识服务是贯穿于为用户解决问题过程的服务，是贯穿于用户进行知识捕获、分析、重组、应用过程的服务，知识服务是根据用户的要求来动态和连续地组织服务，而不是基于固有过程或固有内容的信息服务。第五，知识服务是面向增值服务的服务，它关注和强调利用自己独特的知识和能力，对现成文献进行加工，形成新的具有独特价值的信息产品，为用户解决不能解决的问题。它希望使自己的产品或服务成为用户认为的核心部分之一，通过知识和专业能力为用户创造价值，通过显著提高用户知识应用和知识创新效率来实现价值，通过直接介入用户过程的最可能部分和关键部分来提高价值，而不仅仅是基于资源占有、规模生产等来体现价值。

（七）技术密集系统化

现代信息技术给传统图书馆的工作方式带来的变革是深刻而全面的，数字图书馆更是直接构筑于现代信息技术基础之上，并依赖现代信息技术的发展而发展。数字图书馆发展的每一个阶段，都围绕数字资源生命周期的每一个环节，从资源的采集到存储、加工到整合、传播到利用，都离不开现代信息技术的辅助。

事实上，为了解决数字图书馆建设和发展中的一些关键技术问题，几乎自数字图书馆概念提出之日起，各类型数字图书馆建设项目都得到国内外各相关学科领域的高度关注和积极投入。

然而，技术也曾让人迷惑，甚至一度引发图书馆领域技术与人文的激烈争辩。在这场争辩当中，很多专家学者都对数字图书馆建设过程中的技术至上主义趋向表达了深深的忧虑。范并思在《信息化浪潮中的图书馆人文精神》一文中，就对当前图书馆界在引进信息技术时，过分偏爱技术而忽略技术研究中的人文因素的现象做了深刻批评。技术在未来数字图书馆建设中究竟应该发挥怎样的作用，或者说应该怎样发挥作用，值得业界同行深思。

对技术的依赖是数字图书馆与生俱来的特征。而在当前数字图书馆的建设与服务中，还有很多关键技术问题没有得到很好的解决，而且，随着现代科学技术的继续发展，以及人们信息行为和信息需求的继续变化，未来的数字图书馆建设还将面临很多需要攻克的新的技术难题，比如最近几年出现的 Web3.0 技术、关联数据、物联网以及云计算技术等。新技术在为数字图书馆未来美好蓝图增色添彩的同时，也给领域内的技术适应性研究带来了新的挑战。此外，也应当认识到，数字图书馆作为文化机构，在其技术研究、应用与发展过程中，始终贯穿着的人文维度。当前在数字图书馆建设和服务活动中，对技术的滥用和浅用有一定的普遍性。比如，将射频识别技术（RFID）简单理解为自助借还工具，将移动数字图书馆简单理解为图书馆网站适应移动终端的改版等，缺乏对技术应用的深层次挖掘，更缺乏以图书馆社会职能为核心对技术应用的具体规划和评价。在中国图书馆学会2010年的学术年会上，时任上海图书馆馆长吴建中做了报告，提出了图书馆新技术应用"可持续发展"问题，针对图书馆在应用新技术的过程中，完全摒弃旧有传统，或仅从工具范畴应用新技术改造旧有系统的两个极端，分别提出了在"范式转型"时期建立"适应需求的全媒体图书馆"和"重新设计图书馆"的观点。一方面，他强调在发挥数字新媒体功能的同时，仍然要继续发挥传统媒体的优势，以适应转型时期的不同需求；另一方面，他又提醒人们注意传统图书馆的惰性阻碍现代图书馆的发展的趋向，反思MARC（机读目录）对卡片的迁就、RDA（资源描述与检索）推行的阻滞，以及图书馆网站设计思想的守旧等。在上述报告中，吴建中已经很清晰地表达了应当将图书馆学发展的人文思想与技术创新思路有机结合起来的观念，而且值得注意的是，其中的技术因素已不再仅仅被当作简单而纯粹的工具和手段，技术本身包含着的丰富的人文思想也受到极大的重视，在这一认识基础上，图书馆的技术发展才得以具备长远的战略意义。

今天，数字图书馆建设已在世界范围内全面展开，并日益成为新时期人们方便、快捷地获取信息资源的重要通道。未来数字图书馆将沿着什么方向发展，将演变为何种形态，尚未可知。就目前来看，可以确定，未来数字图书馆将继续以技术为基础，更加注重对各种新技术和新媒体的使用，并进一步借助先进技术实现数字图书馆建设的愿景。

三、数字图书馆与现实图书馆

（一）二者之间的关系

相对于传统图书馆，数字图书馆具有无可比拟的优势，可以不受空间、时间的限制和制约，真正实现信息资源共享。但是，任何事物都具有两面性，数字图书馆也同样存在着一些局限性和脆弱性。

就数字图书馆而言，其缺点主要包括：一是数字化信息存储载体寿命有限；二是网络化读取方式带来一些新的不安全因素；三是以数字化方式存储的软件，对读取信息的硬件设备有一定要求；四是一份文件或一本图书转换成数字化形式后，其内容可能存在失真问题，没法保持原汁原味；五是以数字化方式存储起来的信息，往往是不能直接阅读的，必须借助于计算机，这并不符合人们长久以来所形成的阅读习惯；六是以数字化方式存储的信息，极易受到外力的干扰和破坏，存在安全问题；七是数字化信息的录入和读取，将会涉及版权、使用费用等诸多问题。

由以上对数字图书馆的分析可以看出，虽然数字图书馆改变了传统图书馆的静态书本式文献信息服务方式，实现了多媒体存取、远程网络传输智能化检索、跨库无缝链接等文献获取方式，创造出了超时空信息服务的新境界，但是从它的发展过程中也逐渐显现出了自身的劣势和许多难以解决的技术性、安全性问题。同时，许多非技术因素也严重制约着数字图书馆的发展进程。

从宏观上看，数字图书馆的劣势往往正是传统图书馆的优势。可以说，数字图书馆的建设是以传统图书馆为基础的。各国目前正在进行的数字图书馆建设，主要由传统图书馆在承担，数字图书馆的馆藏内容（也就是各种数据库的内容），可以说将必然包含传统图书馆原有馆藏中的精华部分。可见，数字图书馆是在传统图书馆基础上发展起来的，是传统图书馆的补充和延伸，与传统图书馆的作用、目的和任务相同，但又有着传统图书馆无法比拟的优越性，是未来图书馆的发展方向。由此可见，数字图书馆与传统图书馆并不是互相排斥的，而是有很大的互补性。因此，作为各种信息和知识资源集散地及读者服务中心的现实图书馆是必然存在且不可或缺的。

（二）复合图书馆

图书馆数字化趋势是明显的，数字化资源的成分会越来越多，但要实现纯粹意义上的数字图书馆，需要经过一个相当长的过程，在可以预见的未来，物理上的实体图书馆即现实图书馆必然存在。国内外学术界对现实图书馆存在和发展的基本形态已大体达成共识，认为复合图书馆将在未来相当长的一段时期内成为现实图书馆的主要存在形式。

1996年，英国的图书馆学专家苏顿（Sutton），最早提出"复合图书馆"一词，使印刷型与数字型信息之间的平衡越来越偏向数字型。这一概念一经提出便得到了图书馆界同行的赞赏。克里斯·路斯布里奇（Chris Rusbridge）将复合图书馆的概念引入广泛的图书馆职业领域，他认为复合图书馆的设计应该"将不同渠道的各种技术融合到图书馆的工作环境，探索和开发电子和印刷品环境共存的集成系统和服务"。这就意味着复合图书馆的开发不仅仅是一个单独的技术目标，也是一个集成化程度不断提高的持续过程。他和英国电子图书馆计划无疑是使这一词汇得以流行的主要推动者。1997年，英国联合信息系统委员会正式使用了"复合图书馆"这一概念。有学者认为：复合图书馆是传统图书馆与数字图书馆之间的连续体，在这个连续体中，既提供对电子信息资源的利用，也提供对印刷型信息资源的利用。

复合图书馆不是传统图书馆与数字图书馆两种不同形态的简单叠加，而是两种图书馆形态的有机结合，是物理实体的图书馆与虚拟的信息空间的有机结合。它是手写型、印刷型、缩微型、视听型、电子型与网络型等各种实体文献与虚拟文献类型的复合，是传统书库与数据库的复合，是本地本馆服务与远程服务即馆内服务与馆外服务的复合，是馆内用户与馆外用户的复合，是传统的馆内借阅服务与网络服务的复合，是受时空、数量限制的实地服务与不受时空、数量限制的网络服务的复合，是图书馆传统技术与现代信息技术、数字技术、网络技术的复合，是图书馆建筑实体与虚拟信息空间和环境的复合，是图书馆传统的书架、目录柜、阅览桌椅、卡片与计算机、通信网络的复合。

在可预见的未来，数字图书馆与传统图书馆共存互补、有机结合的产物——复合图书馆将是图书馆的基本存在形态。未来的复合图书馆将是一个充满活力的复合体。简而言之，复合图书馆是图书馆现阶段发展的一种形态，且这种形态将存在较长的时间。

第三节 图书馆信息化建设

一、图书馆信息化的概念及特征

（一）图书馆信息化的概念

目前世界上关于图书馆信息化的定义，存在着多方面的理解，主要有以下几种观点。

观点一：图书馆信息化指的是在图书馆的整理过程中应用现代计算机、多媒体等手段进行信息加工制作与信息传递，以实现现代图书馆信息的存储及分享，并为所有的图书馆用户提供最为全面的信息服务，以达到知识成果转换为经济成果的目的。

观点二：图书馆信息化主要是指不断地更新与共享图书信息、文献资料、知识资源等，因此，图书馆信息化就是知识的不断共享，不断延伸，不断深化的过程，所有的文献资料、图书信息都得以共享。

观点三：图书馆信息化是建立在外部媒介、多媒体、网络、计算机等基础上的加工与传递，主要包括更新技术手段与技术设备。

关于图书馆信息化的概念，最具权威性的是我国国家信息化领导小组对于图书馆信息化的理解：图书馆信息化是以信息化技术为主导，以信息资源为整体核心，以媒体为传输工具，以专业信息人才为依托的整体的信息化综合体系，并以国家法律法规、政策、经济发展为保障。

（二）图书馆信息化的特征

虽然专家、学者对图书馆信息化的内涵和外延有不同的认识，但是我们从中可以看出图书馆信息化具有以下特点。

1. 业务操作和办公管理自动化

根据实际需求，利用计算机技术可以更好地完成图书馆的各项工作。图书馆工作大致可分为以下几种：藏书的拟定和获取；提纲目录、分类和具体准备；检索和检阅；馆内资料的存储和外借；馆际资料的借入和借出。所谓图书馆自动化，就是使用计算机自动地完成上述工作。硬件、软件及人员是构成图书馆自动化的三个要素。

2. 图书馆信息资源存储数字化

资源存储数字化包括馆藏资源的数字化转化和数字资源的收藏。图书、期刊、地图、电影、手稿等条目的技术处理是图书馆最重要的工作。条目的技术处理是指取得条目、编入目录、准备上架、准备书卡、打印书背记号等手续。这些手续中涉及的重要工作是数据处理。数据处理的主要困难是处理数据的长度（如作者的名字、著作的标题等），而且要取得一个固定长度的数据，这样可能很难对某些条目进行唯一标识。数据之间的关系非常复杂，因此数据处理和储存需要采用高级的关系数据库管理系统。

图书馆的许多功能取决于根据文献目录、具体归属和课题内容描述条目的数据。因此，美国图书馆协会支持有关研究人员将数据转换成机器可读的形式，从而产生了机器可读的分类规划，并成为后来发展图书馆多种功能自动化的基础部分。

3. 信息资源高度共享

网络化是信息化的重要标志。图书馆网络化包括信息资源网络化、信息传输网络化和信息检索网络化。通过互联网，任何人都可以与任何国家、任何地方的人直接沟通，能够在全球范围内实现知识共享。

图书馆信息资源共享是指在自愿、平等、互利的基础上，通过图书馆与图书馆之间、图书馆和其他机构之间相互合作、相互协调，利用各种技术、方法和手段，共同建设和共同使用信息资源，最大限度地满足用户的信息资源需求的活动。

二、图书馆信息化建设的内容

图书馆信息化是当今一个热门的话题。我国的图书馆信息化建设经过多年的发展，现已打下了良好的基础并逐渐走向成熟，但仍存在一些问题。从宏观层面来看，我国图书馆的信息化建设应该是一项综合性的工作，它包括硬件技术、软件平台、资源建设和人才建设等全方位的协调发展。逐步实现图书馆的信息化管理是图书馆以高质量、高效率服务社会的基础。在图书馆自动化、数字化、网络化等诸多名词的竞相出现下，准确把握图书馆信息化的内涵，对于科学指导图书馆实践，具有一定的积极意义。

（一）硬件平台

图书馆信息系统的正常运行需要硬件技术的支持。没有硬件技术的支持，图书馆信息化将无从谈起。此外，硬件技术水平的高低与图书馆信息系统运行的质量息息相关。因此，硬件技术的科学定位是图书馆信息化发展的重要基础，它主要表现在硬件系统的配置方面。

图书馆常见的硬件配置的模式有单机模式、多机模式、多用户系统模式。当今正在建设的多数是网络系统模式，它已成为目前我国图书馆信息化网络硬件建设的一种主要模式，这些网络系统模式都有自己的特征。对于图书馆这种数据源头多、数据处理工作量大、数据加工要求严格、数据传输要求快速、信息反馈对象广泛、信息存储安全性高的机构来说，由于计算机网络具有数据通信、资源共享、分布处理、集中控制、系统可靠等功能特点，因而网络系统模式具有诱人的前景。

随着互联网信息技术和数字技术的不断发展，我国高校图书馆的环境得到了明显改善，这对图书馆信息化管理有很大的影响。图书馆只有充分利用互联网技术平台的优势，实行动态管理和科学决策，才能提高工作效率和社会效益。从选择技术上来看，既不能脱离实际，又不能与互联网断开联系，要选择适合经济发展水平和图书馆特色的网络技术，搭建相应的技术平台，使图书馆各项业务处理与现代技术密切结合，从根本上满足图书馆管理的需求。

（二）应用软件

我国图书馆自动化应用软件经过几十年的发展，已从原始阶段和实验阶段发展到当今信息管理一体化的阶段，并进入由集成化向网络化发展的初步阶段。传统的图书馆管理软件采用了采、编、流、检的基本模式，把各个模块之间有机结合起来，使图书馆服务于社会。随着时间的推移和技术的发展，这种模式逐渐成为信息化的一部分。在办公自动化、全文检索、数据库服务、在线阅读、远程教学、在线交流、视频点播等方面，图书馆服务模式和角色定位逐渐趋于社会化。图书馆管理软件在原有的功能基础上，通过加强网络信息咨询和信息检索功能体现了图书馆信息化的社会价值。

融合各种先进技术是我国图书馆信息化走向世界的主要策略。在技术定位上，我们不仅要注重软件研制本身的技术特征，还要强调技术的先进性。在图书馆信息化管理系统中，超前的技术和先进的管理理念使图书馆管理水平更上一层楼。在软件的选择上，既要有合适的硬件平台，又要有完备的数据环境维持运行，不能孤立地进行配置。

（三）资源建设

资源建设是图书馆信息化建设的主要内容，也是最容易被忽视的问题。传统图书馆在社会中的地位主要由馆藏规模和独立为读者提供服务的能力所决定。因此，建立一个完整的图书馆资源体系是图书馆信息化建设的核心任务。

从图书馆信息化建设的历程来看，将硬件、软件和资源作为一个有机整体来全面规划和安排是具有许多优势的。其中，硬件通常是最受人关注的，但硬件的升级、更新及它与软件如何匹配的问题很容易被忽略，在图书馆规划和建设中的受重视程度不够，图书馆信息资源建设没有被正确地理解，也没有被正式提上议事日程。

由于我国图书馆整体发展不平衡，加上管理体制条块分割，导致馆与馆之间文献资源分布不合理，且自成体系，重复收藏，未能形成有效的资源配置机制，直接影响了文献资源的有效利用。为此，在文献资源建设的基础上，建立一个系统或结合各门学科的文献资源保障体系，发挥整体效能，是我国图书馆信息化建设的首要任务。

（四）人才建设

人才建设是实现图书馆信息化的决定因素。目前，我国整个图书馆行业的发展正面临着困境，原因可归结为以下两点：一是图书馆工作人员效率越来越低；二是缺乏具有较强的业务能力和良好的知识结构的信息化人才。就业市场上的饱和更多的是一种体制性饱和，大量工作能力不合格的员工占据了工作岗位。某些信息网络部门的负责人不知道网络的基本配置，图书馆管理员不会使用计算机，也不会使用网络发送和接收简单的电子邮件。由于大多数员工缺乏深层次文献资源开发能力、信息导航能力以及创新能力，图书馆信息化建设进展缓慢，所以图书馆人才队伍急需改造和重建。

三、图书馆信息化建设的意义

（一）适应社会信息化的要求

图书馆信息化是社会信息化的要求。社会信息化的信息资源，有相当多的部分来自图书馆。因此，图书馆信息化是社会信息化的组成部分，图书馆信息化是传统图书馆走向现代图书馆的一个过程。图书馆作为文献信息资源的集散地，拥有丰富的信息资源是其最大的优势。随着信息技术的快速发展和社会信息化进程的加快，图书馆的信息化应当在信息技术的应用、信息资源的建设、信息资源的开发和服务等方面拥有自己的地位和作用。

图书馆信息化的基本要求可以从信息基础结构建设、信息资源建设、信息服务系统建设几方面来探讨。图书馆信息化的重点应该是信息资源的开发利用和信息技术在图书馆的应用。社会信息系统的建设都必须具有基础结构、资源和服务系统。图书馆信息化应当是在社会信息化的信息基础设施上，实现自我的信息化建设。

图书馆信息化不同于一般信息系统，其特征有：依赖于高度社会信息化的基础；广泛采用现代信息技术；图书馆业务的自动化管理；信息服务网络化；信息资源数字化；信息资源产业化。在现代化信息技术条件下，图书馆信息系统的建设在数字化资源、网络条件、信息服务等方面如何系统筹划就显得尤其重要。因此，只有进一步优化和深层次开发图书馆信息资源，使其实现数字化，才能满足信息社会化的需要。

（二）有效提高图书馆的管理水平

图书馆借助信息技术迅速发展，且发展逐渐趋于科学与完善。同时，信息化建设也使图书馆的日常管理更加的方便，大大减轻了图书管理员的工作负担，极大地提高了图书管理工作的效率，不断推动图书馆的健康发展。信息化对图书馆的建设的作用是不言而喻的，由于图书馆图书资源占有量极大，给图书管理工作带来了很大的不便，而网络电子化资源管理便可以很好地解决这一问题。

另外，借助这一方式还可以对图书进行分类与管理，切实促进图书馆的建设迈上新台阶，加快图书馆的发展速度，从根源上解决图书馆管理工作上的困扰。

（三）转变图书馆服务方式

图书馆的信息化建设还可以促进图书馆服务的转变，包括服务方式和服务理念的转变。随着现代社会网络信息技术的发展，无纸化办公已经成为人们的普遍选择，图书馆的服务提供方式也不例外。所有馆藏内的信息随时在网上都可以更新发布，读者在网上一目了然，随时可以找寻自己所需的图书资源。同时，要不断对网上平台进行优化和完善，使读者在登录网上平台时，更加快捷与方便。另外，图书馆在信息化的过程中也对图书管理员提出了更高的要求，他们必须要不断地学习，努力提升自己运用网络技术的能力，切实提升自己优化公共服务的能力。图书馆信息化建设中也要注重对图书管理员的培养和培训，因为管理员的综合素质将直接影响图书管理工作的开展和运行，所以对管理员的培养是大有裨益的。

（四）改变图书馆资源的组织和呈现方式

在过去，图书馆的资源主要以纸质图书为主，并辅之以少许的电子光盘，如今，我们处于信息社会，信息技术为图书管理工作带来了很大的方便，尤其表现在图书馆图书资源的组织和呈现方式上。图书馆借助信息技术可以更好地实现图书资源的整合与管理，并促使信息的传播方式发生巨大改变，以前的信息传播方式主要是以文字为主，现在则还可以以声音、图像的形式进行传播。而且对信息资源的存储量也更大，借助一个小小的芯片就可以存储上千本、上万本图书的内容。同时，人们的阅读方式也发生了巨大改变，现在用户借助移动设备随时随地都可以进行阅读，大量的知识资源都可以被收容在一个小小的读书设备内，读者使用起来也更加的方便。

信息技术的发展不是一件简单的事情，它涉及许多方面，无论是管理，还是服务和资源等方面，都会影响到图书馆的发展。为顺应社会时代的发展，图书馆必须要改革、调整，必须要走信息化建设之路。图书馆的现代化水平将直接取决于图书馆信息化建设的水平。

在过去，传统的图书馆运行模式主要以手工操作为主，而现在图书馆信息化建设则在于将图书馆手工操作管理转变为图书馆自动化的管理，实现了图书馆的转型升级。这种管理模式改变的不仅是图书馆工作人员的服务管理观念，也改变了图书馆读者的观念，越来越多的读者由纸质的书本阅读转变为电子化阅读。图书馆信息化建设将不断促进图书馆事业的发展，同时，也将促进图书馆与现代化接轨。

第四节 图书馆智库服务

一、智库概述

（一）智库的起源

智囊是智库的前身，可以说智库的文化发展和中华民族的历史一样悠久。在古代，那种可以提供政策辅助的人被称为"幕僚"或"智士"，他们在后世发展中被称为"智囊"。从智库发展的时代背景进行深入探究，可以发现社会中的智者群体和当时国家的统治者之间出现一种契合状态，这就是智库文化能够得到继承和发展的基础。每个时代都有一些这样的人存在，春秋战国时期名盛一时的管仲，以及三国时期的诸葛亮等人，他们都运用自身所学对君王在稳定社会发展方面贡献出自己的力量，积极提出治国贤策，帮助其更好地治理国家。由于这些人本身就有足够丰富的知识储备，所以能够为治理国家发挥自身能力，在历史发展中成为历代人民称赞的英雄人物，统治阶层也对他们的重要性具有深刻的认识。

但是仅从智囊的各种性质上来看，还不能称其是现代意义上的智库。就算是在我们悠久的历史发展过程中，智囊曾可以算作智库的雏形，可是在后期的历史发展演变中，其形态不断发生改变。这一点在魏晋时期的幕府制度上得到了很充分的体现。但是它在推动社会持续向前发展方面还是起到了一定作用。

（二）智库的概念

国外学者对智库的定义存在不同的观点。德米特里·梅德韦杰夫（Dmitry Medveder）在其提出的关系理论中，将智库看作一个在工业、政治、市场和媒体领域之间占据独特和交叉位置的组织，是封闭的企业、金融和政治精英网络的智力机器。他在智库的社会阶层上对智库进行定义，他认为智库并不是一个独立的组织阶层，而是一个模糊的组织网络，它们自身被学术、政治、经济和媒体生产的对立逻辑所分割。安德鲁·里奇（Andrew Rich）从功能作用角度对智库进行界定，指出智库的属性是不以利益为基础的相对独立的政治组织，在运行过程中，其主要依靠专业知识储备和思想创新来获得支持力量并推动决策制定。理查德（Richard）又从智库的影响力上进行定义，他认为智库是科学研究与政治领域之间互动的当代模式，是通过过滤大量知识事实和信息数据进行政策制定的组织。从上述诸多定义中可见，虽然国外学者从多种角度对智库进行定义，但大多都承认智库的独立性、政策功能性等特点。

国内学者对智库的定义依然体现了角度的多样性。叶怀凡在其文章中对智库做了如下定义：智库是指由多学科、多背景专家组成的，为决策者处理国际国内事务出谋划策的战略咨询、决策服务和方法创新的机构。韩佳燕从智库与政府、学界、社会的相互关系上进行定义，指出智库通过在学界产出研究成果，对接政府亟须解决的现实问题，力求在理论层面给予政府政策制定有力支持，为政府决策提供坚实基础。金志峰从智库的活动表现上进行定义，认为智库是以研究和分析公共政策为主要活动内容，在参与国际与国内相关政策的制定过程中，向政策制定者提供咨询建议，促使其做出正确决策的机构。由此可见，虽然学者对智库没有统一的概念界定，但都认可智库强大的政策影响功能和专业的学术功能。

通过上述分析，得出智库是依据多学科背景的专业人才队伍，以科学的政策架构为指导，以强大的技术方法为支撑，以充足的资金储备为保障，以政策分析为主要研究内容，以智库品牌为主要影响力，具备相对独立性和发展特色的机构。

（三）智库现阶段的发展

现阶段社会大众将智库翻译为"Think Tank"，在世界范围内学者们对于智库还没有一个完整统一的认识。詹姆斯·麦克甘（James McCann）指出：兰德公司（RAND）是世界范围内首个现代意义上的智库，其命名来自研究与发展（Research and Development）的英文缩写。目前世界上实力相对比较强的排名靠前的智库里，仍然有兰德公司的一席之地。

在我国智库领域内，各学者进行的研究也和世界学者的观点有不同之处。王辉耀认为，布鲁金斯学会是美国第一个现代意义上的智库。各学者对智库起源的看法不一而足，主要原因是其出发点不同。在当时工业革命的催化下，社会上各类行业的细化分工更加趋向精密化，这使得公共决策领域向更加科学以及民主的方向进行发展。后来发生的两次世界大战为智库在国家服务方面创造了更多的条件。随着后来的不断发展，智库逐渐被人民大众所熟知和接受。

在西方近现代社会的发展中，智库是被现实需求所推动产生的。智库对西方强盛的发达国家的崛起和昌盛起到积极的推动作用，与此同时，各强国对智库的健全与完善投入了大量的财力、物力。我们在借鉴的同时更应该学习这样一种良性循环。

（四）智库的基本特征

1. 明晰独立的建设定位

一是智库最鲜明的特征在于建设运营独立性、自主研究专业性、成果应用实用性，尤其是注重建设运营独立性。具体表现在以下方面：①财务的独立性；②观点立场的独立性。二是虽然各类智库建立背景不同，但均在坚持独立性的原则上，逐步形成了专业性与多元化相结合的模式特点：美国智库利用综合优势与人才优势大力影响国际国内政策决策，强力拓展全球市场；英国智库注重发挥工程咨询方面的优势，与美国战略与国际研究中心并称为"世界顶级国际战略研究智库"；德国智库注重与新技术的结合；法国智库注重咨询实用性和发挥对非洲事务熟悉的优势。相较而言，中国智库发展仍存在一定空间。

2. 强大自主的资源配置能力

智库在人、财、物、信息等资源配置方面均具有很强的能力和自主性。财务独立性和组织独立性是智库研究独立性的前提与保障。一是西方智库一般形成了多样化融资渠道，包括社会捐赠、投资收入、政府资助、市场化运作、委托项目等。二是智库均建立了科学、高效、开放与合理的人才配置机制，实现了专业化与复合型人才的有机融合使用。比如美国智库则通过设置"旋转门"机制，打通了研究人员与政府官员的任职通道，实现了智库智慧与决策权力的有效融合。三是国际智库高度重视基础研究信息和数据资源保障。许多国家建有自己的图书馆和情报网络，政府也会给予各类信息资源扶助。智库通过财务资金自筹自支、人才配置自主管理、研究项目与团队自主设计、市场化运作管理等机制设置，保持了很强的人、财、物、信息等资源配置能力与运营独立性。当前，中国各类智库仍主要依托政府、大学、企业等主体支持，配置资源的渠道和能力较单一。

3. 高端多元的研究队伍

智库通过设置独立、灵活、高效、开放的人才机制，建立起一支专业性、复合型与国际化的研究管理团队。

从研究人员的数量上看，智库均具有相当规模的研究人员和团队。从研究人员的质量上看，智库拥有层次高、能力强、多元化、专业化和梯队化的人才队伍。西方智库多采用理事会制，理事长一般由具有全球影响力的企业家、政治家、知名学者和社会活动家担任，智库人才来源渠道越来越多元化，包括刚毕业的硕士和博士、政府卸任的官员、大学的专家、企业界的精英和其他智库专家等。

4. 柔性灵活的运营管理机制

智库一般注册为非营利性机构，采用理事会领导下的总裁制，有的还广泛吸纳国家、企业和机构会员，并建立顶尖的技术或学术咨询委员会。大部分全球智库均广泛采用矩阵式的管理机制与模式，具有严格的智库产品质量控制体系，建立了高效专业的运行保障、事务管理模式。

5. 广泛深远的国际和社会影响力

智库必须以一流的研究成果和社会影响力为支撑。长期位列全球顶尖智库前几位的布鲁金斯学会已有百年历史，其卓越的国际和社会影响力建立在不断追求高质量和独立性的基石之上。中石油经济技术研究院作为唯一入选国家核心智库的企业智库，深耕油气行业 50 多年，其研究成果不但直接应用到本企业集团的决策部署和生产经营中，多项研究成果还获得中央领导批示，数十项成果获得省部级奖励，大量观点被国家部委采纳应用，深刻影响了我国油气乃至能源行业的政策战略及规划。国网能源研究院的大量研究成果则在推动我国特高压电网、智能电网建设以及电力市场化改革中发挥了关键作用。

6. 多样一流的公共关系与成果传播能力

一是密切联系政府、研究机构、企业和公民。全球智库一般致力于为制定政策的相关各方搭建讨论、沟通与协调平台，广泛而密切地联系所有利益相关方，并通过承担政府咨询项目，定期发布研究成果快报、出席国会听证会、直接参与国际政治经济外交会议。通过举办各类学术交流论坛等多种形式树立品牌、扩大影响。二是采用国际化与本地化相结合的方式建设全球智库。三是建立专职机构并采用多种形式开展对外宣传。四是信息技术的发展极大地拓展了智库与媒体的融合空间。智库充分借助于新媒体、新科技以及社交网络与云的力量，提升了思想与成果传播的能力与效果。

二、图书馆智库服务建设的可行性

（一）知识资源丰富

在推动主打的相关专业发展方面，图书馆有着极为重要的作用，在知识储备的专业度上，智库完全没有能力和它相比较。而图书馆同时还可以将各个专业连贯起来，这对于图书馆智库的服务能力的发展有一定的促进作用。图书馆可以将传统馆藏文献资源转换为数字网络资源，并借助自身馆藏优势研发专题数据库，以此为图书馆构建理想化智库建设平台，从而方便直接进行智库研究工作。在世界范围内，图书馆是很多著名智库的起源。由此可见，各大图书馆在进行资源建设方面做了长期积累，综合型的知识资源使得图书馆具备了为决策咨询提供更优信息服务的能力。

（二）情报分析能力较强

传统理念认为图书馆学属于一种学科领域，事实上，图书馆是集图书馆、情报与档案等学科信息进行交叉管理的场所，其中图书馆学属于社会科学，而情报学则以科技为主，档案学以人文为主，图书馆工作是三方面的融合。近几年计算机相关技术不断发展，情报学知识及分析能力在图书馆工作中显得尤为重要，甚至是未来图书馆工作所必须具备的能力。在情报学领域，分析是重中之重，充分体现了情报的智库作用。而情报研究则涵盖了情报提炼以及对信息的加工处理，在综合分析与评价原生信息内容的前提下，为管理与决策提供可靠的情报保障。由此可以发现，在智库研究工作中，情报分析是重要的构成形式。利用情报分析的优势技能，对每个研究对象的发展前景进行准确的研究和预测，掌握其规律，为国家公共决策领域制定相关政策奠定了良好的基础。

图书情报机构长期承担着信息的采集、存储、加工等任务，拥有的知识服务产品比较多，比如专题机构数据库、报告与知识库等。所以，在智库建设中，图书馆的情报分析部门长期收集信息，为相关信息库、资源库等带来了极其重要的保障作用。因此，在图书馆智库建设中，情报部门发挥着非常重要的作用。总的来说，在图书馆构建新型智库的过程中，该部门具备着明显的优势，能够全面参与智库研究。

（三）组织形式多样

智库把自身正在进行的相关项目研究作为研究的基础性工作，并以周期性向前发展，这种状态是在丰富的优秀人才资源、具有多元化综合能力的人才队伍的支持下形成的。图书馆在智库建设中，邀请专业研究人员参与其中，除了图书馆相关部门有固定馆员外，还可以根据项目发展现状实时调整人员组成，聘请外来人员也是可以选择的方案，所以在人才资源的合理使用方面，它比其他的智库形式具有更高效率，这也在一定程度上缩减了人力方面的成本投入，为项目管理创造了良好的研究条件。和官方的智库相比，图书馆智库研究有很强的独立性，它们的一般经费来源是比较充足的，这样就能在智库建设中进行相应的创造行动，因而研究成果的科学性与独立性比较突出。

（四）专业化程度较高

图书馆有自己独立的情报部门，情报研究对智库咨询发挥着非常重要的作用，能够在智库研究或信息数据库中提高情报研究产品使用效率。在图书馆管理中，情报部门在进行相关研究工作时，可以明显地看出它具有持续发展的特性，还有一种对于未来发展的前瞻性。学者们在进行某一问题的持续研究过程中，通过图书馆可以获得丰富的专业资源。图书馆学科馆员及相关馆内工作人员会为学者开展研究提供专业的咨询服务，并且信息服务贯穿于整个研究阶段，在课题结项或者取得阶段性成果后，图书馆馆员还会一直关注此领域问题的研究，并且能够在决策者进行咨询的时候提供及时的相关服务，重视研究的时效性、针对性、准确性。因而在图书馆智库建设中，研究的深度、广度与长期性方面的优势更加明显。此外，想要智库在当今社会中有所发展，就必须紧跟时代，构建起一个足够专业、足够广博的知识框架，只有这样才能在为各级单位进行合理决策时发挥自身的辅助作用。众多图书馆已经发展了很多年，所以在创新等相关能力方面往往比其他机构的优势更明显。

三、图书馆智库服务国内外研究现状

（一）图书馆智库型服务国内研究现状

国内学者对图书馆智库型服务的理论研究关注度较高，学者们普遍认同：图书馆智库型服务是图书馆通过整合资源，基于自身信息资源及人力资源优势、协同各学科优秀专家人才等面向决策领域提供的决策支持服务。国内对于图书馆智库型服务的研究成果主要集中于图书馆智库型服务可行性、图书馆智库型服务体系、图书馆智库型服务策略、图书馆智库型服务能力建设、图书馆智库型服务实践研究等方面。

1.图书馆智库服务可行性研究

中国特色新型智库建设是图书馆发展的新机遇，图书馆在参与智库建设方面具有独特的资源优势，能够通过整合资源等方法直接为政府、企业等提供决策支持服务，也能够基于自身资源为智库机构提供信息资源保障等决策支持服务。图书馆提供智库型服务既是自身的发展的客观需求，也是智库乃至中国特色新型智库建设的客观需要。

国内学者从智库机构与图书馆职能的区别与联系、图书情报机构与智库建设的关系、图书馆自身资源优势等不同角度对图书馆智库型服务的可行性及必要性进行了深入论证，相关研究成果主要如下述。汪露珠对我国智库发展以及图书馆参考咨询服务进行了分析，指出图书馆在参考咨询服务工作中推进智库建设的可行性，并从情报信息收集、服务开展、信息分析方法、工作步骤方面，提出了图书馆在参考咨询服务工作中进行智库建设的策略。初景利等对图书馆与智库的关系进行了分析，指出图书馆可以通过智库基础研究、开展智库专题服务等方式支撑智库建设，实现循序渐进参与智库研究，提升智库型服务能力。鹿遥等运用问卷调查法，辅以实证分析，从图书馆智库职能的目的角度出发，论证了我国图书馆具有参与智库建设的能力。施亮通过对图书馆服务现状进行分析，得出智库服务是图书馆服务的未来发展方向，图书馆应该聚集软硬资源开展智库服务。

2. 图书馆智库服务体系研究

国内学者在图书馆智库型服务体系方面的研究主要集中在图书馆智库型服务体系架构、组织结构、服务模式及运行机制等方面，相关代表性研究主要总结如下述。

张莹对图书馆智库的建设背景、优势、发展目标、职能、组织结构设计以及发展路径等进行了分析，提出了图书馆智库的宏观建设构想。张志强指出欧美智库的研究人员大多由知名学者、外部客座研究员以及访问研究员三类人员构成。赵晶莹等对比分析了智库和图书馆智库模式，通过差异比较，对图书馆智库模式的信息资源专业、成果多元等特点以及服务内容等进行了分析。廉立军从理念、管理、知识、服务、协同五大方面，对学科化服务支撑特色智库建设创新集成运行机制进行了分析，指出学科建设与特色智库相辅相成、相互促进，高水平学科建设是高水平智库建设的强力支撑，更是基于多学科的大力协同与创新，多学科协同支撑是特色新型智库建设可持续创新发展的必由之路。

3. 图书馆智库服务策略研究

国内学者对图书馆智库型服务策略的研究主要包括基于现有资源的图书馆智库型服务策略、基于用户需求的图书馆智库型服务策略研究、图书馆服务与智库建设以及基于智库理念的图书馆服务四个方面。蒋映霞对图书馆的文献资源优势、专业人才优势、资金保障优势等进行了阐述，并分析了智库视角下的图书馆转型发展策略。张艳菊从建设智库特色数据库、转变信息服务模式、积极推广和评价智库成果等方面分析了图书馆的转型策略，并分析了智库理念下图书馆的创新发展特点。刘芳等从智库建设发展需求角度出发，对智库型服务的发展战略等进行了分析。黄唯从图书馆为企业提供信息服务的角度，论述了图书馆在发挥智库功能方面的具体措施。费晶从面向新兴智库建设的视角探讨图书馆智库化趋势，提出使面向新型智库建设的知识咨询、知识传播、知识评价等一系列服务成为图书馆新的服务增长点。杨海华从"互联网＋"视角，提出了面向新型智库的"互联网＋"技术和"互联网＋"资源服务模式，并分析了图书馆服务新型智库的保障措施。弓箭、陶继华、王喜平等学者将智库理念引入图书馆参考咨询服务，对图书馆参考咨询服务转型发展、基于智库的图书馆服务模式等进行了分析。

4. 图书馆智库服务能力研究

国内学者们对图书馆智库型服务能力的研究主要集中在图书馆智库能力的构成、提升策略方面，研究多采用理论探访方式，在图书馆智库型服务能力评价方面的研究成果稀少，相关代表性研究成果主要如下述。李爱华等从图书馆员的视角，结合吉林特色新型智库案例，分析了新信息环境下图书馆的智库能力建设，并从提供整合挖掘信息、提供分析报告、学科评估能力等方面，分析了图书馆智库能力。黄长伟等提出图书馆智库建设必须具备资源收集能力、情报能力等，并从资源建设、智库传播影响力提升、智库平台建设、智库联盟协同创新机制方面提出图书馆智库能力提升的策略。闫智等肯定了图书馆智库能力的建设的必要性，并从智库相关平台建设、人才培养机制等方面提出了图书馆智库能力的建设策略。

5. 图书馆智库服务实践研究

近年来，随着智库建设的推进，国内学者越来越重视对国内外图书馆参与智库建设的相关研究经验的总结。例如，王瑞芳对斯坦福大学胡佛研究所从图书馆开始，创新升级成为世界一流大学智库的发展过程及举措、转型发展的影响因素等进行了分析，并从体制机制、研究方向、人才管理等方面，为我国智库建设给出了借鉴策略。图书馆智库型服务实践尚处于探索成长阶段，国内一些图书馆已经在参与智库建设中积累了实践经验，并在学术界分享了成果。

（二）图书馆智库服务国外研究现状

以美国为代表的国外智库建设起步较早，智库相关的体系建设更加成熟完备，国外图书馆是智库体系重要的组成部分，在参与智库建设方面发挥了重要作用。国外学者们对图书馆智库型服务方面的理论研究多见于对智库、图情机构的智库作用等方面的研究成果中，相关研究成果较少。图伦特（Thunert）指出国外高端智库在进行搜集行业特征或规律等工作时，一般都会设置专门的情报员职位，或者选择与信息情报机构合作，一些国家将情报研究机构视为智库的一种。莎拉·普理查德（Sarah Pritchard）通过对学术图书馆的创新型服务进行分析，探讨了社论、议程及智库的区别。阿布拉克曼（Abulrahman）等阐述了与其他智库相比，图书馆智库所具有的独特优势，以及如何最大限度地发挥这些优势，并从智库决策贡献度低、社会影响力不强等方面分析了智库面临的主要问题。

国外图书馆的智库保障作用及智库建设的可行性得到实践认可，在智库建设实践中，国外图书馆积累了丰富的实践经验，并探索出两种图书馆智库型服务形式。一种是在特定领域拥有大量的专业级别信息资源的图书馆，依托自身的信息资源及人力资源优势，通过资源积累，不断创新转型升级，实现智库的功能，例如伦敦国王学院图书馆的防卫研究中心、哈佛大学图书馆的国际发展研究中心等。作为智库的一种组织形式成功由图书馆转型成为智库机构且影响最广泛的是斯坦福大学胡佛研究所，它是美国最早出现的智库，起源于战争资料图书馆。另一种是通过建立并维护智库机构知识库、开辟智库服务板块等途径提供智库服务，例如美国哥伦比亚大学图书馆设置的智库和政策中心板块。此外，智库研究所需的数据资源一般都掌握在一些大型企业集团、行业巨头手中，智库机构虽然自身会开发或拥有数据分析工作、技术等，但想要获得有价值的情报资源并非易事。图书馆是智库研究重要的信息源，很多智库都有内部图书馆为智库研究提供信息保障、情报分析等服务。例如，布鲁金斯学会图书馆、德国马普学会数字图书馆、英国皇家国际事务研究所图书馆。

四、图书馆智库服务的需求分析

随着网络技术和信息技术的飞速发展，信息环境发生了巨大的变化。一方面，信息的爆炸式增长，使得大家被淹没在信息的海洋中，信息用户面临信息无处不在，却云深不知处的局面。因此，当下的信息用户越来越渴求能帮助其真正解决问题的知识产品或者智库产品。另一方面，信息资源的数字化、网络化改变了原来的资源以纸本形式一家独大的局面，越来越多的信息出版商和信息中介通过网络服务平台向用户直接提供数字文献，图书馆传统的文献服务已经优势不再。传统信息服务已经不能满足用户对信息的需求，以上信息环境的变革使图书馆的服务受到严厉冲击。智库服务是图书馆持续发展的必然趋势和出路。

（一）企业发展需要智库服务

在改革开放政策实施以及市场经济发展的今天，企业间的竞争日益加剧，这种竞争不仅仅来自国内，也已经国际化，企业要想站稳脚跟，并持续发展，在信息市场上占得先机，智库服务是必不可少的。企业的管理者越来越意识到企业竞争情报、企业经营和管理决策方案等战略资源获取的重要性和紧迫性。然而更多的中小企业因为多种因素的制约，难以充分投入企业发展信息资源的建设，因此，他们更需要借助外面专门的机构为他们提供这种精细化的产品，以较低的成本获得所需信息，可以帮助企业节约大量人力、财力等资本。

（二）政府决策的民主化、科学化需要智库服务

在现代化社会发展的今天，国内外环境日趋复杂，智库服务成为我国各级政府决策民主化、科学化的促进剂。目前，为政府决策服务的智库机构已经由原来的主要以政府政策研究室、政府发展研究中心等政府内部组成的智囊团，变成现在加入了更多的社会机构，特别是高校图书馆。现在政府更多地采用政策、决策研究的外包定制服务，这一现象说明政府需要更多的独立的社会智库机构为其决策及政策研究提供客观、科学的咨询及方案支持，高校图书馆智库的建设与发展赶上了好的时机。

（三）科研机构需要智库服务

图书馆为科研机构提供的智库服务其实是现有参考咨询向知识咨询的升华，所以也可以说是学科服务的高级阶段。随着社会科研水平的不断提高，为科研服务已经成为图书馆的重头工作，大数据时代的到来使科研信息服务的需求出现了新的模式，科研人员的需求更多是基于海量数据的、经过筛选与分析过的精品信息，并能以他们惯用的格式或者平台提供给他们，这对图书馆人员来说是驾轻就熟的事情，也节省了科研人员的时间，使他们能有更多的精力投入科研。

第二章　图书馆信息化建设存在的问题
与发展趋势

图书馆信息化建设为图书管理带来更加便捷的方式，同时也出现了很多的新问题。要认真分析图书馆信息化建设的现状，推动图书馆信息化建设的进度，推动与地方智库服务的对接，为人们提供更加全面、高效的图书馆服务。本章主要分析阐述图书馆管理信息化建设的现状和相关管理办法的改进，分为图书馆信息化建设的问题、图书馆信息化建设的发展趋势、图书馆信息化与地方智库服务实践现状三个部分。主要包括我国图书馆信息化建设的发展现状，图书馆信息化建设中存在的问题及对策，图书馆信息化建设的普及化、电子化、网络化等发展趋势，图书馆参与地方智库建设的可行性分析，图书馆信息化与地方智库信息保障、决策服务现状等内容。

第一节　图书馆信息化建设中的问题

一、图书馆信息化建设中存在的问题

（一）传统模式制约

传统的图书馆管理中，管理观念过于老旧造成工作效率低下。一些图书馆虽然意识到了信息化建设对于图书馆管理的重要性，但是没有对自身图书馆进行科学的分析和规划，盲目照抄其他图书馆的信息化管理经验，一味依赖于网络信息技术进行管理方面的提升，忽略了人的服务理念和管理理念的引导，缺乏自主创新意识，使得最终的图书馆在信息化建设中难以充分发挥信息技术的巨大作用，最终的管理模式既不符合图书馆实际运行需求，无法实现管理工作的顺利开展，也难以为用户解决更多实际问题，用户体验效果不佳，使得投入大量资金进行的信息化建设成为"鸡肋"，造成了资金和资源的极大浪费。

此外，由于图书馆工作人员层次比较多元，且图书馆的信息化建设并未落实全员参与制度。每个部门的信息化工作，从最初新技术的引进到新技术的应用都由技术支持部门来统筹开展，所有部门的技术支持需求，都会请求技术支持部门的工作人员来全程负责，其他部门的馆员很少有机会接受相关的信息化培训，不具备专业的信息化技术，导致多数馆员缺乏主动学习参与的意识和观念，同时工作效率也受到极大的影响。

（二）资金投入不足

物质基础决定上层建筑，图书馆信息化建设需要依靠稳定的经费来支撑。传统纸质资源和电子书、数据库等数字资源、基础设施、先进的设备仪器等硬件配套设置、软件设施等信息化建设都需要大量的资金维持。资金投入是阻碍图书馆信息化建设的主要原因。

但随着信息化建设进程的加速，这些资金的投入很难支撑图书馆的全部建设，图书馆出现设备陈旧、系统更新换代不及时，数据库数量、种类不足及组织整合不到位等现象。正是因为资金投入问题在源头上制约了图书馆资源的整合与建设，阻碍了图书馆的信息化发展。此外，图书馆自动化办公系统不够智能，设计过于简单，且没有针对图书馆的需求进行设计，导致部分功能无法实现，极大地影响了工作效率。

图书馆作为非营利组织机构，以服务民众为主，其平时运营经费主要依赖于国家财政补贴，图书馆自身没有经营利润，缺乏多样的资金来源对于图书馆信息化建设显然是行不通的。

（三）信息保障不完善

图书馆的资源和信息化建设并不是如我们所想的那样实时更新。社会经济的发展与信息化进程有着不可分割的联系，不同地区的社会经济水平也决定了其信息化进程的发展。我们可以看到，对于经济发达的一线城市，信息化进程发展迅速，总能拥有最先进的信息技术优先使用权，而对于相对落后的偏远地区，其信息化进程还远远落后，难以进行信息化建设。我国幅员辽阔、人口众多，不同地区之间的发展程度相差较大，想要统一实现图书馆管理方面的信息化建设具有一定的难度。

（四）需求分析不完善

图书馆在信息化建设中，相关基础设施虽然是经过相当充分的考察和调研后所购买，但考察者往往把如何方便管理作为首要考虑因素，忽略了使用者的真实需求，违背了图书馆服务人性化的理念。这就导致读者对于图书馆的自助打印机、电子阅览室等使用体验不佳，认为图书馆的信息化建设水平不高，且提供的服务缺乏人性化。此外，图书馆在自动化办公软件的信息化建设中，没有把馆员使用需求放在重要位置，如通借通还服务工作平台"格子云"的使用感不好，导致工作人员在工作中体验不到信息化技术的辅助作用，工作效率也受到了极大的影响，从而阻碍了图书馆的信息化建设。

（五）资源整合力度不足

图书馆的馆藏数字资源十分充足，但是数字资源的各自所属系统类型存在很大的差别，所以在检索过程中运用的手段和认证格式等也存在巨大差别，用户不能一次性获得所有信息，体验感相对不好。单纯地对数字资源进行罗列和简单的归纳整理等是简单层次的信息揭示，这和用户的实际需求并不适应，表明了资源的整合力度不足。除此之外，以数字阅读为典型的新型阅读模式形成并且发展势头十分迅猛，对于学校图书馆资源的配置标准要求也在不断地提升，因此，在图书馆信息化工作中，数字资源的整合十分关键。

图书馆的自建数据库及特色数据库明显不足，且图书馆的机构知识库建设进展缓慢，至今没有正式投入使用。这一方面制约了图书馆存储并展示自己机构多元成果的职能；另一方面还造成了图书馆内部科研人员以及教学工作者不能运用数据库，影响了科研奖励以及数据统计和绩效考核等，并且对机构外部的运用也造成了严重的影响，主要涉及学术成果的转化以及科研沟通等方面。

当前大部分图书馆资源调配效率低，无法高效进行资源管理。还有一种现象会拖慢图书馆管理信息化的进程，那就是馆藏结构的不合理。大部分图书馆的图书收藏量都是巨大的一个数字，而且涵盖种类很多，但由于效率低下的馆藏措施，导致很多资源不能被很好地利用，尽管现在图书馆电子图书越来越普遍，但电子版图书始终不能取代纸质版图书的地位。因此高校也不一定能够提供数量充足的阅读电子版图书的设备。

（六）图书馆数据系统兼容性差

在图书馆管理中，常见的问题主要是图书馆内部各系统的协调性较差，在图书管理系统的实际使用中，各个数据管理系统都存在着一定的独立性，这种独立性会在一定程度上对图书管理系统的整体协调使用产生阻碍，对数据资源共享方面也有严重的不利影响，经常会导致数据资源共享难以关联成功。

（七）数字信息技术的建设水平不足

在当前的网络资源共享环境下，图书馆管理的信息化建设普及程度低，这就导致了图书馆管理信息化程度发展缓慢。目前，我国的大部分高校都完成了图书馆管理信息化建设，然而由于一些客观因素的影响，系统只能实现对系统数据库内现有资源进行检索，对于很多缺少的信息不能实现网络关联，而数据库的内容更新也相对缓慢，致使使用效果较差。

（八）专业的信息化管理人才的缺乏

对于图书馆的管理人员来说，旧的图书馆管理系统只是一种轻便的工作方式，只要会使用就可以了，于是，管理人员便长期处于固定的工作模式中。在当前的图书馆管理系统中，很多人对于网络科技并不热衷，所以图书馆管理系统的使用频率也在不断地降低。而且，由于图书管理系统长期存在兼容性问题，缺少专业性人才的帮助。因此，图书馆管理系统的使用效果始终不尽如人意。

图书馆管理的信息化建设离不开专业的信息化管理人才开展相关业务，为用户提供信息化服务，对图书馆进行信息化管理，在当前的图书馆管理模式中，显然缺乏相应的信息化管理人才。在信息时代的背景下，不仅需要图书馆管理人员具备专业的计算机操作能力以及较高的职业素养，还需要具备一定的创新意识，信息化时代要求管理人员保持与时俱进，不断进行业务技能的提升和服务理念的更新，充分满足图书馆以及社会的发展需求。

（九）人才培养机制不健全

就目前来看，我国图书馆在管理中对内部人事制度没有自主权，受主管部门的管理限制过重，在对人才的引进和安排上也需要由主管部门进行分配，这就导致人事部门缺乏对人才的选择和管理权限。由于人才培养机制的不健全，造成图书馆管理人员整体素质不高，而对于真正需要的人才却难以引进，这对于图书馆管理信息化建设也造成了一定的阻碍。

（十）统一的规范标准的缺少

对于图书馆管理的信息化建设，目前没有相关的标准可以参考，造成不同的图书馆在进行自动化系统的安装和软件的购买方面不尽相同，这不利于图书馆之间的资源互通和共享，一旦两个软件系统不兼容，那么这两个图书馆之间的合作与交流就会有很大的不便，显然这与信息化的初衷是不符的，因此，还需要行业内对于图书馆的信息化建设进行规范，建立统一的标准，以便后期图书馆之间更好地开展工作和交流。

二、图书馆信息化建设对策

（一）提高图书馆管理信息化建设的思想观念

在现代化社会发展中，信息化建设工程正在逐步融入人们的工作和生活中。因此，图书馆管理的信息化建设也是势在必行的，图书馆应该摒弃传统的思想观念，通过信息化建设的不断发展，让读者的图书借阅更为方便，更快速地了解图书的借阅情况，提高时间的利用率，完成图书资源的整合，全面推进信息化建设进程。

要想完善图书馆管理信息化建设就必须改变原有的思想，以往的管理理念无法适应当前社会的需求，给完善管理信息化建设平白增添了诸多困扰。这就要求在进行改进时，要对症下药，针对面临的困难提出对应的解决措施，以此达到管理信息化的目的。图书馆也应和时代一起进步，随时代发展的潮流进行更新换代。与互联网和大环境结合，进行有效的资源利用，实现图书馆管理信息化建设，令其在社会中继续做出贡献。

（二）加强图书馆的资源建设

在当前的图书馆信息化建设中，原本图书馆的资源限制是图书馆信息化建设发展受到制约的一个重要原因。应加大对图书馆资源的建设，具体建设包括两个方面：第一个方面是要加强对图书馆内部的图书资料的投入，加大对图书资料的购买，扩充图书馆现有的图书资料，也可以在校园内以学校的名义，开展图书的捐赠活动，扩充图书的资源数量；第二个方面是要对图书馆的管理系统进行调整，针对原有的图书管理系统中出现的不能对资料查询进行延伸的现象进行重点处理，调整系统的资料关联程序，让系统资源在检索自身数据库的同时，可以关联网络资源，扩大资源的使用空间。

无论从什么角度来看，图书馆的藏书等资源的储备量都是处于首位的，是极其重要的，从某种程度上来说可以作为用来衡量图书馆规模的一个极为重要的因素，图书馆的资源蕴含量也是影响图书馆管理信息化完善效果的因素之一。所以，在建设图书馆管理信息化的过程中，对图书馆的资源蕴含量必须给予重视，要想扩大资源蕴含量，可以通过多种渠道来实现，如高校之间的资源互通、内部互通、外部购买等。内部资源的整合可以通过购买、高校互通、接受社会的捐赠、整理数据库、扩大图书馆的面积等方式进行。对于外部的资源扩展，可以通过结合互联网，与周围高校、图书馆之间联系合作等来达成。对不同地区的图书馆可以进行不同的处理，或者根据不同地区的经济发展状况进行合理的资源调配和合理的安排，借此满足不同地区的图书馆的管理信息化建设。

（三）加强图书馆信息化人才的作用

在图书馆管理信息化建设中，充分发挥信息化专业人才的作用，应划为建设的重点，要加强信息化人才的建设，培养专业的图书馆系统建设人才，带动整体工作人员专业实力的提高，建设专业的图书馆管理系统人才，使其能够自主建立、调整系统常见兼容、资源等问题，提高图书馆系统使用的频率，推动信息化建设的发展。

（四）加强信息化技术

从长远的目标来看，图书馆的管理信息化建设的首要目标就是解决技术问题，只有当技术问题解决了，技术手段得到创新后，图书馆的管理信息化才能更好地发展，才能满足当前社会对图书馆的需求。从一方面来说，可以对图书馆进行改革，比如改革图书馆的借阅系统，使之具备当地特色，或者更新当前使用的设备，使之具备独特的文化，吸引更多的群体。另一方面可以改变图书馆的管理方式，增强借阅群众的体验感，还可以利用互联网的特性，将图书馆与互联网结合，通过网络的管理，利用网络的特性，进行互联网的共享、整合信息，完善图书馆管理信息化的程度，推进图书馆管理信息化的建设。

（五）提升图书馆人员素质

图书馆管理信息化建设必然离不开具备相关计算机网络知识和图书馆管理经验的人员进行信息化管理，因此，图书馆方面需要加强员工的教育培训，提升员工的综合素质。首先，在信息化管理实行之初，聘请专业的计算机技术人员进行自动化设备的操作演示和讲解，加强图书馆内部员工网络系统的操作能力；其次，图书馆还需要引进一批专业的系统维护人员，对系统进行维护和软件更新，随着图书馆的发展，其信息化建设也需要根据图书馆的自身发展增减不同的功能，因此，需要专业的技术人员进行维护和管理，充分提供技术保障；最后，图书馆需要引导工作人员将更多的时间和精力用于服务理念的创新和服务水平的提高，信息化建设的实行大大减轻了传统图书馆工作人员的工作内容和工作压力，因此，需要加强观念上的转变，大力提升服务品质，促进图书馆健康长远发展。

（六）提高资源利用效率

图书馆不仅仅能对社会广大群体提供借阅书籍的服务，还能作为保存书籍资料的重要手段，是书籍报刊整合的一个寄存点，能够根据各种情况对各类书籍进行整理归类，同时高校图书馆还可以针对当前学校现状，对本校的专业书籍进行资源整合，还可以针对本校的特色课程进行深度挖掘，进行更深层次的教学，提高本校的资源利用率，扩大本校的信息化开发程度。各大高校还可以同政府科研管理部门合作，对其掌握的独有资源进行共通，既可以推进科研发展，也可以扩大高校学生的知识面，开阔学生眼界。所以，图书馆管理信息化是极其必要的，既可以方便学生借阅，也可以在一定程度上推进科研发展，使有限的图书资源利用最大化。

（七）加强与地方政府合作

图书馆要想实现管理信息化，除了可以通过社会援助的资金进行开展，还需要政府的支持，所以图书馆方面要与政府进行密切的合作与沟通，使图书馆的管理信息化建设可以与社会同步发展，向现代化、信息化的目标大步前进。图书馆的管理信息化必须要和高校进行合作，因为高校往往具备着专业的文化典籍和知识文献，可以为政府、图书馆提供丰富的资源。图书馆与政府合作还可以通过政府方面的科学研究拿到第一手的资料与科研成果，以此来保证校图书馆藏书资源始终紧跟学术前沿。与政府合作还有利于图书馆的更新换代，有利于图书馆物质资金方面的调配。

（八）完善管理机制

图书馆管理的信息化建设必须要有相应的信息化管理机制作支撑。在进行图书馆管理的信息化建设过程当中，应依市场发展需求和读者要求建立有针对性的信息化管理机制，建立统一的规范化标准，体现多样性与深层次的特征；依社会发展需求与读者服务要求正确定位自身发展方向，从而加强对图书馆管理信息化建设质量的控制，确保能有效吸收并整合信息化资源，不断提升图书馆的信息化服务能力；重视法律制度方面的保护，加强管理网络传统安全。此外，图书馆还应有意识地加强自身资源建设，提高自身资源储备，不断扩大图书馆规模；加大资金与基础设施投入，包括硬件设施与软件设施，确保资金的利用率。若条件允许，还可加强与政府及相关部门的联系，以获得政府支持与投入，为图书馆管理的信息化建设提供物质保障。

第二节　图书馆信息化建设的发展趋势

一、普及化

当今世界处在一个信息爆炸的时代。图书馆大量的文献信息需要现代化的设备和管理手段，这促使图书馆从原来以手工作业为主的工作方式改变为以自动化为主的工作方式。随着科学技术的发展，计算机在图书馆领域得到广泛的应用。过去完全依靠手工操作的采访、编目、流通、检索等日常工作逐步被计算机取代，从机读目录到国际互联网络的资源共享也已起步。这不仅改变了传统的管理操作模式，提高了工作效率，而且为进一步搞好信息服务、开发网上资源奠定了基础。近年来电子计算机的性价比有了显著提高，为计算机的普及创造了条件。可以预言，在不久的将来，传统的手工操作必将被计算机所替代。

二、电子化

纸一直是传递信息的主要载体和媒介，即使在将来，以纸为载体的文献也不会完全被淘汰。现代信息技术的发展使以印刷型书刊为主要品种的馆藏模式发生了变化，这种变化表现在载体的形式上，即由过去单一的纸质型载体向以磁介质、光介质等载体的新型信息媒介转化，极大地扩大了馆藏信息量。随着电子计算机的应用和普及，电子出版物作为一种新的知识与信息载体令人眼前一亮。电子出版物将著作的文本转换成计算机可读的信息，记录在磁性载体（磁盘、磁带等）或光学载体（CD-ROM 光盘等）上，在计算机软件的支持下，自动形成全文数据库，并提供从著作中的人名、地名、年代、关键词等各种知识项出发对文本进行单项检索或多项组配检索的功能，甚至在著作中任何一个词都可以由计算机检索出来。电子出版物具体有电子图书、电子连续出版物、电子版的数目数据、计算机软件等。电子出版物具有技术融合、多媒体以及轻便化、网络化和智能化等技术特点。光盘在电子出版物中占有主导地位，它是激光技术、计算机技术、数据通信和光电集成等高新科技的结晶。自问世以来，便以其体积小、容积大、价格低、可存储多种媒体的信息以及便于携带、发行的优势，成为电子出版物的最佳选择，迅速开拓和挤占了电子出版市场。一张容量为 650MB 的光盘，约可容纳 300 万字（含数字）的书刊。这种出版物突破了文字描述限制，附有生动的图像、动画或声音，并可随时调阅不同部分的内容，检索方便，因而可大大增强学习效果。更重要的是，光盘可与计算机和其他设备相连接，实现形象的自动化管理、快速存储和传输。计算机、网络、电子出版物的发展，导致图书馆馆藏载体正朝着物理载体和电子馆藏相结合的方向发展。因此，图书馆要在着力收集印刷型载体文献的同时，及时收集和保存各种数据库软件以及缩微品、录音录像带、计算机磁盘、光盘等资源，使读者通过多媒体技术的应用简单快速地获取信息。

三、网络化

事实说明，一个图书馆的馆藏无论有多丰富，也无法完全满足当今多层次的读者和用户对信息的需求，加之书刊不断涨价，供求矛盾不断加剧，各自为政、独立办馆的传统模式，对于满足当今社会的信息需求已力不从心。实现图书馆网络化，将拓宽现有文献信息的传播渠道，消除传播方式造成的传播障碍，使人们可利用的信息空前丰富。从外部来讲，图书馆要适应信息网络化的世界潮流，与各种信息网络接口；从内部来讲，图书馆要适应文献数字化和数字自动化管理的发展趋势。通过网络，图书馆来访人员能直接获取书目信息和出版社地址，并能从网上发出订购需求，不仅可加快文献的采购速度，更重要的是打开了馆藏文献收集的视野；通过网络，图书馆编目人员可以共享网上编目数据，使标引著录的工作量减少到原来的百分之一，甚至千分之一；通过网络，读者可以使用大量已有成果，得到最新信息，享受最新研究成果。读者可以得到并非一个馆的馆藏和信息资源。图书馆的馆藏和信息资源不再私有而是面向全世界，服务于全世界。如此，图书馆也就成为巨大的信息吸收源和供应源。信息时代经济与科技的发展，要求图书馆由分散型转向协调型，实现资源共享是图书馆与广大读者的普遍呼声。网络化的实施和资源共享的实现，可使图书馆的外延得到扩展、内涵得到丰富、信息功能得到加强。

四、多层次和商业化

多层次和商业化将是我国图书馆信息化建设发展的主要方向。

一是商业化的步伐加快。图书馆信息化建设在设计的成熟性、技术的先进性以及售后服务质量等方面都将不断提高。

二是图书馆对信息建设需求的层次将逐步拉开。中小型图书馆和大型图书馆之间的需求差异会清晰可见。一方面，图书馆信息化未在中小型图书馆中得到充分发展，这些对图书馆性价比的关注将促进小型图书馆软件的进一步发展；另一方面，为了满足图书馆读者放心消费的心理，图书馆软件向知名品牌集中的发展趋势也将愈演愈烈。

五、整合化

在当今日益丰富的文献信息资源中，云计算、大数据存储、数字图书馆等各种各样的术语让人眼花缭乱。不可否认的是，原始文献信息资源数量成倍增长。从共建共享方面来看，图书馆作为国家信息化建设的组成部分，具有成为社会各类信息资源的整合中心的能力和义务。

图书馆信息资源建设同国民经济的发展水平相适应，同社会信息需求相适应。它能满足广大读者的信息需求，也能符合经济适用的原则。各个图书馆应根据自己的实际情况，结合本地区读者需求特点，在统筹规划下，有选择地在学科重点、文献类型等方面形成自身的馆藏特色。各自的特色文献通过全社会范围内的资源共享，共同建立起完善的资源保障体系。

对图书馆馆藏结构进行优化，增加文献内容，科学规划调整藏书比例，整合传统文献资源和网络信息资源，是图书馆资源建设的主要任务。在信息技术快速发展的基础上，图书馆作为保存文化遗产、传承人类文明的重要场所，其作用将更加突出，文化传承性将赋予图书馆永恒的生命力。

六、服务信息化

图书馆在提供信息服务方面可以借助以下手段。第一，网络信息检索服务；第二，网络信息传递，例如电子邮件服务，用户可以借助电子邮箱和馆员建立沟通，掌握自己需要的相关资讯；第三，电子文献传递和馆际互借，借助文献传递系统和国内外的同行以及相关单位建立合作关系，相互传递有关文献，同时还可以借助电子邮件复印以及邮寄等手段传递到客户手中；第四，网络教育，利用远程教学和多媒体技术，把专题教育、普及教育以及课程教育等紧密关联在一起，达到和用户的需求相适应的目的；第五，中间代理服务，给予用户查收查引以及课题查询等服务；第六，个性化服务。借助新智能技术，如数据挖掘、信息推送以及信息过滤等，或者设计多样化的服务举措，给予主动服务，促使用户可以获取相应的优质服务。第七，资源导航服务，借助导航技术协助用户查询，分辨以及运用，挑选信息资源。

组织信息化服务，加深服务内容是图书馆员的工作本质，也是图书馆工作的重点及内容，信息化服务涵盖了传统工作的信息化运转、现代科技方面的拓宽以及提供个性化服务。拓宽现代技术、组织网络服务是一种服务的加深工作，是借助多元的网络信息资源和前沿的通信技术来管理图书的服务模式。现如今，现代化信息技术日益提升，信息的获得趋于国际化和网络化，图书馆组织的网络服务成效显著，读者运用网络信息资源，可以在个人图书馆的网页上利用超链接来搜寻自己所需的信息，构建特色的虚拟馆藏。在网络化环境下，用户有关信息服务的标准不断提升，图书馆已经拓宽现代技术，推进图书馆的信息服务，而书刊的搜集、梳理和编辑排序，以及现代化数据库的构建和网络资源服务，都属于服务工作的范畴。书刊的搜集、整理、编排等都是传统工作，但是现如今图书馆领域使用计算机，所以工作属性也出现了很大的变化，图书馆应该加强利用现代技术来运转传统工作。图书馆个性化服务的组织是其信息服务的关键，应结合用户群体不同的信息需求，给予其个性化的信息内容和服务。图书馆不仅要维持自己以往的个性化服务，同时还要加深相应的服务，从以往的以文献资源为中心，转变为以用户为中心，结合用户的差异化信息需求，创建个性化信息服务的多元手段，促使用户的相关需求得到满足。图书馆还可以基于用户定制服务，加深图书馆个性化服务，可以从网络服务入手，借助网络通信技术展开信息的搜索以及检索，挖掘相关的数据，利用网络技术冲破自身的馆藏壁垒，借助网络信息资源，给予图书馆用户更多的信息服务，拓宽信息服务的范围，加深服务内容，组织个性化的服务。

现如今，信息技术的发展十分迅猛，资源环境也发生了很大的变化，图书馆用户对服务质量的要求相对较高，这也是传统管理模式演变成信息化管理模式过程中两者之间存在争端所引起的。

传统的图书借阅服务向信息化的态势迈进，主要原因是由于计算机技术以及微电子技术和多媒体技术的运用。除此之外，图书馆图书查询系统并不被读者所熟练掌握。所以图书管理员要协助其展开搜寻，提升查找图书的速度，提高服务的质量。除此之外，在服务质量的提升上，借阅的提示信息也变得十分关键，在借阅归还图书方面，电脑与打印机相连接，在读者借阅归还图书以后，可以打印出借阅以及归还记录，便于读者查借阅图书的名称以及归还图书的时间，减少延误情况。同时，这也促使图书馆馆员有效地发现工作过程中存在的失误，提升传统读者的信息化服务品质。另外，图书馆要给予读者属于自己的存储空间，图书馆为每个读者创建各自的存储空间，利用计算机操作平台，将读者需要的信息存储到其中，构建专题信息数据库，为以后开展方便快捷的服务创造条件。为了保证数字资源的知识产权，以及个人存储空间中的资料，可以和图书馆的资源构建进行超级链接，将个人空间操作平台和图书馆的资料紧密结合在一起，但要严禁复制原始资料。不仅如此，还可以借助网络技术展开线上联合咨询以及搜查远程协作服务，把全国关联成一个整体，共享相关的文献信息资源，同时还可以共享科研成果以及了解成功的咨询事例等，提升图书的借阅率，促使借阅的步骤更加的畅通，提升网络用户的信息服务质量。

第三节 图书馆信息化与地方智库服务实践现状

一、图书馆信息化服务地方智库的可行性

（一）图书馆的属性和作用

我国的图书馆具有相对独立性和非营利性的特点。我国的图书馆一直是公共文化服务体系的组成部分，主要在公共文化的保存、传递和知识共享方面发挥巨大作用，很好地保障了文献信息服务。此外，各级科技情报所为各学科信息的加工、保存、传递与借阅服务提供了可靠保障。智库由大量的智力成果汇聚而成，而只有通过对真实、客观的材料进行分析研究，才会产生新型智库的成果。图书馆的专长在于搜集、保存、加工、序化数据、文字、图片和其他多媒体资源等信息资源，因此，图书馆在我国新型智库建设中发挥基础性作用，其作用可以概括为以下三点。

1. 提供丰富文献资源

作为文献信息资源收集传递的中心和枢纽，图书馆拥有丰富的图书、期刊、报纸、专利信息、会议报告、专题论文、行业统计年鉴、电子资源等，且具有更强的学术性、专业性和前沿性，这都是其他情报信息机构所无法比拟的。而文献资源是智库建设的基础，地方智库建设离不开图书馆所拥有的大量文献资源，特别是特色文献资源。图书馆在建设智库的过程中，能提供专业而丰富的文献信息，这是地方智库建设不可或缺的有力保障。

2. 整合挖掘信息

图书馆服务项目的拓展要求图书馆员具有更高水平的业务能力。目前，所有参与地方智库建设的图书馆都明确要求馆员不仅要具备熟练搜集情报信息的能力，更要具备超强的情报整合和梳理的能力。特别是信息咨询馆员和学科馆员，对情报信息除了要具有敏锐的洞察力之外，还要能够从事交叉学科的知识研究，从而进行一系列的有针对性的、深层次的情报服务。近年来，随着公众对图书馆作用的普遍认可，图书馆的社会地位也得到提高，越来越多的硕士甚至博士愿意到图书馆发挥自己的一技之长。而对于图书馆而言，正可以利用馆内的人才优势，形成稳定的智库专业服务团队，这是建设地方智库的人才优势，也是地方智库决策制定的关键因素。

3.深入分析信息

图书馆是一个集图书馆学、档案学、情报学三位一体的信息管理机构。特别是随着近年来互联网技术和大数据技术的蓬勃发展，从客观上使馆员具备了更高水平的情报分析技术。例如，情报计量统计、关联数据分析、分类标引、社会网络分析等技术。同时，在学校政策的支持下，高校图书馆可以增强与校内外专家学者的联系，从而组成一支专业的智库团队，与图书馆学科馆员合作，进行深层次的情报分析工作，提供智库服务。可以说，图书馆参与高校智库建设最明显的优势就在于其拥有强大的情报分析能力。

（二）地方智库的运行机制

新型智库的主要任务是向政府提供决策咨询服务，其流程既与传统咨询机构相同，又有自己的独特之处，比如，需要根据研究内容不同的涉密等级来进行处理。智库的基本服务流程是：首先，国家机关和其他职能部门等提出任务；其次，智库人员对任务进行分析，采集需要的信息，再运用各种方法分析研究，从影响力、真实度、覆盖面等方面评价成果，如果评价结果合格，就形成文献报告、数据库、图片等，如果评价结果不合格，就重新进行任务分析；最后，智库产品如果涉密就会提交或者保存，如果不涉密就直接出版发行。

（三）为地方智库建设提供信息服务

智库实际上就是一个为政府的决策咨询提供智力产品的机构，这些智力产品是科研人员研究的成果。从事科学研究离不开大量真实、客观的文献资料支持，地方社科院图书馆不仅保存了各学科文献信息，还根据科研人员的需求对其进行二次、三次加工。可以说，地方社科院图书馆完全满足了科研人员的文献需求，是科研人员的得力助手，对于新型智库的建设发挥了基础性作用。

（四）图书馆服务能力的转变

图书馆从传统服务能力转型为智库服务能力，不是说不再需要传统服务能力了，而是说图书馆应该有不同层次的能力，从基本的能力延伸到高级的能力。从智库的角度来讲，应该加快实现从传统的一般性服务能力，转变为面向智库提供支撑的高级服务能力，具体包括以下几个方面。

1.从文献管理与文献服务到智库信息资源与平台建设

图书馆的传统服务能力主要是文献管理和文献服务，如文献采访分类编目、流通阅览、参考咨询等。智库服务能力是要保障智库所需要的信息资源，而智库平台建设的信息资源保障目前还是很薄弱的。智库对资源和平台的需求，智库资源和智库平台的特点，也是需要进一步研究的问题，图书馆需要构建真正适合智库研究的信息资源和网络平台。

2. 从文献的知识和技能到面向智库的情报服务能力

图书情报人员传统的服务能力主要体现为有关文献的知识和技能，满足一般用户的基本需要。而智库的服务能力更多的是需要能够支撑智库研究的情报服务、学科服务和咨询服务，满足高层次用户的深度服务需要。图书馆的情报服务、学科服务和咨询服务应开始重视并更好地支撑智库研究，调配资源，优化布局，提升为智库研究服务的效果。

3. 从中介到嵌入智库研究过程

传统的图书馆服务往往具有中介性，在文献资源和用户需求之间建立沟通的桥梁，但面对智库需求，这种服务能力是远远不够的。借鉴嵌入式学科服务模式，图书情报人员应嵌入智库研究的过程，成为智库机构和智库研究人员的合作伙伴，参与智库研究或智库课题，成为智库研究或课题组的一部分，成为智库研究团队的中坚力量。

4. 从简单低层次的服务到面向智库的研究与服务

图书馆的传统服务能力更多的是简单、低层次的服务，知识附加值都较低，服务门槛也较低。如果说提升为面向智库的服务，就要建立基于智库服务的研究和基于智库研究的服务。所谓基于智库服务的研究，是指在提供智库服务的过程中，以研究作为基础，没有对智库研究的了解和把握，智库服务也是做不好的。所谓基于智库研究的服务，是指面向智库用户开展的智库研究性服务，提供满足智库需要的服务，更好地支撑智库研究工作。这两项工作相辅相成，缺一不可，是图书馆参与智库建设的重要体现。

二、图书馆信息化与地方智库信息保障服务

（一）整合馆藏资源——实现资源共享

随着互联网的不断发展和信息技术在图书馆的充分应用，图书馆的电子资源呈迅猛增长趋势，形成纸质资源和电子资源并重的局面。图书馆大量购入图书和数据库，但如果并未对这些一次性文献进行整合就投入使用，会造成大量信息资源重合，给信息检索带来不便，尤其是对于那些缺乏信息检索知识的智库学者而言。因此图书馆应该充分整合馆藏资源，按不同学科主题、相应的标准进行分类整理，使智库学者能够快速全面检索到所需资源。

要重视数据收集，整合资源结构。对比国内外先进的智库会发现，数据的利用、收集和整理水平与智库自身的服务水准息息相关。根据图书馆的文献资料特点即专业化、特色化，图书馆服务重点更倾向于情报资料服务，因此必须时刻关注国家的研究方向与需求，在"互联网＋"与大数据的技术迅速发展的背景下，应加强对社会经济热点问题和政府决策焦点问题的相关研究成果的收集。同时，要突出图书馆智库服务的特色化，利用特色的图书资料文献优势，充分细化其中的马列主义经典理论文献、政治资料、党建历史、地方性文化资源等，并整合校内各类资源，比如融入党校教研成果及学员的毕业论文、调研报告、统计数据等党校特色资源，建立特色资源数据库，增强地方智库的信息保障能力。

（二）加强信息传播——健全合作机制

在数字化、信息化高度发达的今天，任何图书馆都难以靠单打独斗在智库建设中获得有效的经验，单一图书馆的信息资源都是有限的，很难满足用户多样化的需求，不同机构之间需要打破信息壁垒、寻求合作共赢。一方面要加强与党校系统内部图书馆之间的联系，开展研讨交流、馆际互借、资源共建等活动，经验先进、经济基础较好的图书馆可以帮助基础设施欠缺的图书馆，对其提供资源与技术方面的支持，共建有党校特色的信息联盟；另一方面要重视与各类信息机构的合作，如公共图书馆、高校图书馆、政府相关职能部门等，建设资源共享平台，促成不同信息机构之间的互联互通。除此之外，还可以与社会上的信息技术商业机构合作。

（三）不断加强合作——实现协同创新

协同创新是以知识增值为核心，以企业、高校科研院所、政府、教育部门为创新主体的价值创造过程。图书馆应该积极寻求与地方政府、社会科学院以及情报机构合作，建立智库信息共享平台，实现协同创新。社会科学院是中国独有的一种智库形式，主要为国家及地方经济社会发展提供理论支持和解决实际问题。图书馆应该充分利用自身人才和资源优势，积极寻求与地方社科院之间的合作，借助社科院这一智库成果转化平台，加强与地方政府之间的合作，为该地区经济社会发展建言献策，不断提高自身的影响力。而地方社科院在共享图书馆人才和信息资源的同时，实现其智库成果推广。高校图书馆、地方社科院、地方政府可以根据地区实际情况建立当地特色智库，为地区经济社会发展建言献策；其智库信息共享平台应实现信息资源共享和智库成果发布功能。信息资源共享可以通过高校图书馆、地方政府和地方社会科学院网页的相互链接，共享高校图书馆馆藏资源和地方政府、社会科学院的各类数据库和资料，实时了解地方政府发展动态，为地方政府发展提供决策咨询；智库成果发布包括政府决策咨询需求公开招标到智库成果发布的整个流程，为高校图书馆参与政府决策咨询提供机会，公开招标的优胜劣汰机制使地方政府获得优质的智库成果，有利于智库成果的宣传。

（四）加强人才储备——提高馆员素质

人才是图书馆智库实现可持续发展的核心因素，国内外较为成功的智库模式，都将人才培养放到智库建设规划中的重要位置。目前图书馆员的理论知识和业务能力尚不能满足新型智库建设的要求。智库人才的培育并非一朝一夕之事，而是需要一个潜移默化的过程。一方面，要持续引进专业技术人才，可考虑从图书管理学、情报学等专业的毕业生或者有图书馆从业经验的人才中选拔，不断充实图书馆专业人才储备队伍，构建"校内教研部门＋校外科研机构＋图书馆学科馆员"的智库人才模式，聘请一些知名专家和学者作为特邀顾问，与校内各学科的教师骨干和优秀研究人员进行常态化合作，构建柔性人才队伍。另一方面，要为图书馆馆员提供良好的施展空间和学习的机会，积极进行系统性的理论基础知识培训，培养专业业务基础技能；支持馆员经常参加智库活动，掌握行业相关的知识与咨询；鼓励馆员参与学术论坛、在职深造，嵌入式地参与校内的研究课题和科研项目，实现图书馆的人才知识技能储备与党校教学科研体系同步发展。

（五）提高馆员信息服务能力——提供优质服务

目前，大部分图书馆都提供查收查引、科技查询等信息咨询服务。这些信息咨询服务一般都是为高校专家学者的科研项目和课题服务的，需要图书馆馆员熟练利用现代信息技术检索、收集、整理相关信息，具有较强的文献资料的搜集分析能力。充分利用新型智库建设的契机，为智库学者提供优质的信息服务和决策咨询，这就需要图书馆馆员具有较高的素养和情报分析能力，仅仅具有文献资料的搜集分析能力是远远不够的。

首先，图书馆馆员应该要培养情报意识，善于从平常的事情中捕捉敏感信息，不仅关注智库学者的显性需求，还要把握其隐性需求，提供个性化信息服务。其次，图书馆馆员应不断加强自身学习，提高不同学科知识储备，学会利用特定的情报分析方法，提高情报分析能力，为智库学者提供情报分析产品。图书馆应与情报机构积极寻求合作，使得图书馆馆员和情报机构工作人员可以相互挂职锻炼交流，优势互补，为新型智库建设服务。最后，图书馆馆员应该学会综合运用各类统计分析软件和信息分析工具进行数据挖掘，根据智库学者的要求，为其提供可视化的信息产品。

三、图书馆信息化与地方智库决策服务

为支持地方智库建设，图书馆应该通过借鉴国内外成功发展经验和图书馆的智库型决策信息服务，探索如何提供决策信息服务，以此弥补图书馆在地方智库建设过程中存在的不足。为党政机关提供决策咨询服务是地方智库的重要职责，作为文献信息提供机构，图书馆应该利用决策信息服务，助力地方智库建设。地方智库成为党政机关提供决策咨询服务的新型智库，离不开图书馆的大力支持。图书馆需要根据地方的信息需求创新图书馆服务，推出决策信息服务，具体措施如下。

（一）打造智库成果发布平台

信息平台作为一个连接不同用户群体之间的桥梁，在联系图书馆与各教研部门、沟通不同项目的研究团队、完成资源整合与共享上发挥着重要作用，是凝聚智库合力的良好途径。数据平台要满足用户多层次阅读需求，合理构建模块布局，界面显示需简洁、直观，并具备 OA 操作系统、信息交互及大数据处理等功能，可以将收集到的资源素材按照不同主题、内容摘要、关键词等基础信息进行归类整理，构建对应种类的数据资源库，提高智库用户的信息获取效率。图书馆可通过智库平台发送相关领域的信息、资料和研发成果，可在留言及交互问答板块与用户进行实时意见交流，并征集用户的反馈意见及建议，提供精准对接咨询需求与智库信息的高效服务。图书馆可引入嵌入式服务模式，积极向用户展示智库平台上的信息资源和研发课题，定期推送知识服务，激发用户群体参与智库科研课题的兴趣，引领更多人才参与智库团队的建设，形成一个包含信息技术支撑、人才吸纳与成果产出的智库良性发展模式。

与此同时，亦可通过搭建信息服务平台拓宽智库成果的推送渠道。目前，电子阅读、移动阅读已逐渐取代传统阅读方式，转变成为用户信息接收的主要来源。智库平台有利于智库要闻、研究、成果的可视化展示，实现有效稳定的信息管理与发布，及时向政府部门、社会团体及公众宣传推广最新的思想理念，扩大智库的社会影响力。

（二）培养智库服务团队

图书馆需要转变服务理念，将工作重点放在决策信息服务上。应用研究和

理论研究是地方社科院的两种主要研究形式，应用研究与政府的决策咨询工作关系最密切，地方社科院图书馆应培养应用研究服务团队。首先，需要制订引进人才和现有人才的激励和培养方案，鼓励馆员研究相关学科，培养研究型学科馆员。其次，通过参与学术活动和课题研究，加强智库服务团队人员与应用研究人员的交流沟通，在增进了解的同时找到提供决策信息服务的卓有成效的方式。

（三）提高智库成果的质量

地方智库成果的质量关系到提供决策咨询服务的水平，也反映地方图书馆的综合实力。图书馆应发挥前端作用，率先转变思想，为提高智库成果质量提供优质的决策信息服务。首先，研究型馆员应凭借极强的决策信息服务能力，嵌入科研工作的全过程，辅助研究人员做出高质量研究成果。其次，发挥地方图书馆搜集文献信息的优势，与负责新型智库评价工作的部门合作，共同建立健全科学的中国特色新型智库评价机制，致力于提高中国特色新型智库的公信力。

地方建设新型智库困难重重，需要地方图书馆的支持来渡过道道难关。地方图书馆应该与地方科研人员建立密切联系，精准掌握科研人员需求，挖掘自身优势，提供个性化的信息服务，为把地方图书馆建设成为中国特色新型高端智库贡献智慧和力量。

（四）多渠道推动决策咨询

图书馆信息化对于社会发展产生的影响力是由政策研究中产生的成果质量决定的，也取决于最终的实践效果。国家推动图书馆智库体系往纵深方向发展，其中为政策的研究提供相关的咨询服务是它的最主要目的。

由于向智库进行决策咨询服务的主体对象大多是在社会上占有重要地位的机构，为了提升智库服务质量，相较于传统形式的研究成果，现代形式的研究成果更易于被服务对象所接受，因此需要在提供如咨询报告、统计分析等智库成果的时候减少传统学术语言的使用，转变话语体系，加强和改进成果表达方式。此外，因决策者的身份不同，且不同领域决策者的认知偏好也存在差异，也就要求图书馆智库要以个体的不同差异为依据进行决策咨询服务。

首先，需要继续使用传统的推广方式，因为推广方式中易被接受、传播效果稳定的就是传统推广途径，在具体智库咨询过程中，可针对不同的接收群体应用不同的推广方式。其次，需要积极拓宽对促进成果宣传有易的咨询形式，如研讨会、交流活动、学术会议、发展论坛等，这样就能及时与用户进行交流，便于获得反馈信息，针对不足之处进行修改完善。最后，互联网环境下的信息推广模式时效性更强、传播范围更广，当今时代下的互联网技术为高校图书馆智库拓宽咨询渠道提供巨大便利，能够第一时间获得有效信息，图书馆信息化对于市场的发展能够有一个整体的把握，并且在问题发生之时及时给出解决对策。

第三章　图书馆信息资源建设

信息资源是图书馆的基本组成部分，是图书馆提供服务的基本前提条件，随着信息社会的到来，图书馆信息资源的类型及建设内容重点也不断地更新，要充分利用图书馆信息资源，进行有效评价，实现图书馆信息资源的共建共享。本章分为信息资源的类型与特点、信息资源建设的内容与重点、图书馆信息资源的利用与评价、图书馆信息公共资源的共建共享四个部分。主要包括信息资源的概念、类型及特点，图书馆信息资源类型及特点，图书馆信息资源建设的主要内容与建设重点，图书馆文献信息资源、网络信息资源的利用，图书馆信息资源评价方法及评价实施步骤等内容。

第一节　信息资源的类型与特点

一、信息资源

（一）信息资源的概念

最早使用"信息资源"一词的是沃罗尔科(J.Rourke)，其撰写的以"信息资源"为题的论文——《加拿大的信息资源》（*Information Resource in Canada*）于1970 年 2 月刊载在《专业图书馆》（*Special Library*）上。此后，人们对信息资源的研究越来越深入，对"信息资源"的认识也不断提高。我国对信息资源的概念及其有关问题的研究开始于 20 世纪 80 年代。目前，国内外研究者对信息资源这一概念的认识和理解尚未达成最终共识。国内研究者主要是从狭义和广义两个角度来理解信息资源的。

从狭义角度来讲，信息资源主要是指人类在信息活动以及其他社会实践活动中形成的大量序列化的有用信息的集合。例如，科学技术信息、政策法规信息、社会发展信息、市场信息等都是常见的狭义信息资源。从狭义角度界定信息资源这一概念，肯定了信息活动中信息要素的核心地位，有助于把握信息资源的核心和实质。

从广义角度来讲，信息资源是人类社会活动中积累起来的信息、信息生产者、信息技术等信息活动要素的集合。也就是说信息资源包括以下几个部分：第一，人类社会经济活动中经过加工处理有序化并大量积累起来的有用信息的集合；第二，为某种目的而生产信息的信息生产者的集合；第三，加工、处理和传递信息的信息技术的集合；第四，其他信息活动要素（如信息设备、设施、信息活动经费等）的集合。这种观点把信息活动的各种要素都纳入信息资源的范畴，更有助于全面、系统地把握信息资源的内涵。

（二）信息资源的类型及特点

1. 信息资源的类型

人们从多种角度对信息资源进行了类型化研究，由此提出不同的分类方案。

（1）按表示方式和载体划分，可分为以下四种。

①口语信息资源。以口头方式表述，以演讲授课等方式交流利用。

②体语信息资源。特定文化背景下，以表情手势姿态表述，以表演舞蹈方式表现交流。

③实物信息资源。以模型样品雕塑等实物进行展示交流。

④文献信息资源。用文字图形、图像、音视频等方式记录在一定的载体上。

（2）按信息载体划分，可分为以下四种。

①印刷型信息资源。以纸质材料为载体，采用各种印刷技术把文字图像记录在纸上，便于阅读、流通，存储密度低，加工难以自动化。

②缩微型信息资源。以感光材料为载体，利用光学缩微技术将文字图像记录在感光材料上，存储密度高，便于收藏阅读，设备投资高。

③声像型信息资源。以磁性和光学材料为载体，利用磁录、光录技术记录声音和图像，存储密度高，内容直观，表达力强，易于接收，需阅读设备。

④数字化信息资源。利用计算机和存储技术，将文字、图像、音视频转为数字化信息，以磁光盘和网络为载体，密度高，读取快，高速远距传输。

（3）按加工深度划分，可分为以下四种。

①零次信息。成为文献前的信息存在状态，即进行中的研究，价值可能比已发表文献高，可填补某些高新技术领域文献空白。

②一次信息。以本人研究工作或成果为依据撰写制作发布。提供新的知识，可直接借鉴参考，使用价值高，是检索利用的主要对象。

③二次信息。对一次信息进行整理加工并提炼和压缩之后得到的信息，便于管理大量分散无序的工具性信息，又称"二手资料"。提供一次信息的线索可节省查找时间。

④三次信息。根据一定目的和需求，在大量利用有关二次信息和其他三次信息的基础上，对有关信息知识综合分析、重组概括后形成对现有信息知识的再创作和再创造，使其进一步增值，有综合性参考价值高、系统性好的特点。

（4）按信息的内容划分，信息资源可以分为自然信息资源、生物信息资源、机器信息资源、社会信息资源。

2. 信息资源的特性

（1）开发、利用和价值转化性。与一般物质资源相比，信息资源是一种具有开发、利用和价值转化性的资源。信息资源首先对作为社会主体的人发生直接影响作用，通过人对信息资源的理解、消化、运用，提高人自身的素质，甚至改变某种传统与习惯，从而有利于启发人的主观能动性，并转化为现实生产力的要素或变革生产方式及生活方式的动力。而一般物质资源，比如矿山、河流、气候、土地等，则不具有这种对人的主体作用产生直接影响作用的功能。信息资源的这种特性，要求人们必须以战略眼光认识信息资源，自觉地运用信息资源，站在经济社会战略性发展的高度，积极促进信息资源的开发与转化。

（2）可传播性。信息资源借助于各类媒介，比如网络、电视、电话、印刷品、声像、电子信息、数据库等，可以广泛向社会传播，从而深入地影响社会，对社会成员产生潜移默化的作用。正是在这种传播过程中，信息资源的价值得以实现。信息资源不断传播的过程，也就是其价值不断得到实现的过程。信息资源的可传播性，要求人们必须高度重视信息传播渠道的开拓与畅通。信息传递渠道的建设，是现代经济社会发展的重要组成部分。在经济发达的国家，信息传播经济占有更突出的位置，甚至已经成为国民经济的支柱产业，成为新经济的一个重要生长点，这一点，十分值得我们这样的发展中国家借鉴。

（3）可增长性。信息资源是人的智慧与才能的结晶，是无形资产，因而具有可增长性，是在不断的开发利用过程中不断地丰富、增长的过程，取之不尽、用之不竭。而一般的物质资源，比如矿产资源，只能是越开发利用资源越少，有些稀缺资源甚至会发生枯竭。信息资源的可增长性，要求人们不仅要注重信息资源的利用，更要注重信息资源的研制与开发。在现代信息化社会，对信息资源研制与开发的力度与水平，成为社会生产力发展的一个突出标志，甚至成为衡量社会进步的一个重要尺度。事实上，人们正是在不断地开发、利用信息资源的过程中不断地提升自己认识世界与改造世界的能力。信息量的不断提升，信息水平的不断提高，不仅是推动社会发展的强大动力，而且是引领社会进步的"火车头"。

（4）综合性。信息资源是社会生产力的反映，任何一类信息资源，都不是孤立存在的。由一种信息源引发生成另一种信息源，这是信息资源发展中的一种普遍现象。尤其是在现代社会，科技发展正在呈现出一种大科学趋势，自然科学各门类之间相互交融，自然科学与人文科学、社会科学之间相互影响和交融，人们观察世界、分析问题的视角，不仅注重技术层面，而且更加注重社会及人文科学，由此及彼，举一反三。这是现代人类对客观世界的认识愈益深入的必然结果。信息资源的综合性，要求人们不仅要注重自然科学信息资源的开发与利用，而且要注重社会科学、人文科学信息资源的开发与利用，善于在各类信息资源的相互影响和渗透中发现、挖掘信息资源的巨大价值。

二、图书馆信息资源类型

图书馆是社会信息资源的主要集散地，是信息资源最主要的收藏中心。当然图书馆不可能包括所有的信息资源，图书馆的信息资源只是信息资源中的一部分。随着数字化、网络化的信息环境的形成，图书馆的信息资源已突破了传统的资源范畴，扩展、延伸为一个内容、形式更为多样的新型图书馆信息资源体系。通过将收藏范围从传统的印刷型资料扩大为兼容图形资源、声像资源和计算机资源，目前图书馆可以保存和提供多种形式的信息。除书籍、杂志、报纸和小册子外，图书馆用户还可以存取唱片、电影胶片、声像磁带或磁盘、光盘、艺术印刷品、游戏用具、玩具和计算机等。许多图书馆也提供联机数据库、光盘数据库以及通过通信线路所获取的其他图书馆的资源等方面的以计算机为基础的信息服务。这些多样化的媒体之所以被纳入图书馆，是因为它们的独特性质能够使用户根据自己的能力、兴趣和需求来利用它们。以载体和利用方式为标准，网络环境下的图书馆收藏和提供的信息资源可以归纳为文献信息资源和数字信息资源两大部分。就目前而言，文献信息资源是图书馆的核心资源。

（一）文献信息资源

现代文献类型复杂，这就决定了以文献为基础的文献信息资源的多样性。图书馆文献信息资源根据文献的记录手段和载体可分为如下类型。

1.印刷型文献

印刷型文献通常是以纸质材料为载体，以印刷（包括手写）为记录手段的一种文献形式。传统印刷型文献以其自身长期以来不断改进的优异特性在人类知识信息积累、流传和创造活动中存在了 2 000 多年。它是伴随着人类文明成长起来的。它又可分为图书、报刊、特种文献资料、档案等。传统印刷型文献是图书馆信息资源中最基本的现实馆藏，是满足读者需求的最直接、最基础的资源。

2.缩微型文献

缩微型文献是利用光学记录技术，将印刷型文献的影像缩小记录在感光材料上，然后借助于专门的阅读设备进行阅读的一种文献形式。缩微文献的种类有缩微胶片、缩微胶卷、缩微卡片。缩微胶片是透明的缩微复制品，它利用一种专门的缩微复制照相机将文献拍在单张的感光软片上。缩微胶卷也是一种透明缩微复制品，它是用成卷的胶片连续拍摄而成的。缩微卡片是一种不透明的缩微复制品，实际上是缩微照片。

3.视听型文献

视听型文献信息资源是指以电磁材料为载体，以电磁波为信息符号，将声音、文字、图像记录下来的一种动态型文献。视听型文献信息资源主要是指视听资料，其按人的感官接受方式可分为视觉资料、听觉资料、音像资料三种，视觉资料主要有照相底片、摄影胶卷、幻灯片、无声影片、传真照片等。听觉资料主要有唱片、录音带等发声记录资料。音像资料主要有有声影片、电视片、配音录像带等显像发音记录资料。视听资料生动、感性，是教学欣赏的重要资料，也是公共图书馆和专业图书馆及院校图书馆收藏的重要资料，如公共图书馆就收藏了较多的音像资料供读者欣赏，电影、音乐、美术院校图书馆也收藏了大量的视听资料。

（二）数字信息资源

数字信息资源是指以数字化的形式将文字、图像、声音、动画等多种形式的信息存储在光、磁等非纸质载体中，以光信号、电信号的形式传输，并通过计算机和其他外部设备再现出来的信息资源。数字资源有单机信息资源与网络信息资源之分。

单机信息资源是指通过计算机存储和阅读，但不在网络上传输的数字信息资源。它是将文字、声音、图形、图像等信息以数字代码方式存储在磁、光、电等介质上，通过计算机或类似功能的设备阅读使用并公开出版发行的出版物。按其载体不同，电子出版物可分为磁带电子出版物、磁盘电子出版物、光盘电子出版物、网络电子出版物等。其中单行版的电子出版物是图书馆可以实实在在拥有的，而网络出版物属于网络信息资源的一部分，只能进行存取而不能拥有逻辑意义上的资源。由于单机信息资源主要存储在磁带、磁盘、光盘上，在利用上受到很多限制，因此不利于信息资源的存取和共享。

如今人们利用更多的是网络信息资源，"网络信息资源"一词虽然已被越来越多的人所接受，但目前对网络信息资源并没有统一的定义。有人认为网络信息资源就是通过计算机网络可以利用的各种信息资源的总和。还有人认为网络信息资源是指以数字形式记录的，以多媒体形式表达的，存储在网络和计算机磁介质、光介质以及各类通信介质上的并通过计算机网络通信方式进行传递的信息内容的集合。我们理解"网络信息资源"这一概念时，需要注意的是网络信息资源并非包含所有投放到网络上的信息，而只是指其中能满足人们信息需求的那一部分。网络信息资源按其使用形式可划分为联机检索信息资源和互联网信息资源。联机检索信息资源是指通过主机或联机网络及检索终端获取信息的联机数据库。其内容覆盖面广、检索精确度高、信息规模大，并且节省时间，是获取网上信息的重要途径。互联网信息是世界上最具活力、前景最广阔的信息资源。各种信息内容都集中在统一的用户界面上，方便用户存取与利用，而联机检索信息资源用户界面不统一，使用时还需专业人员帮助，因此，互联网信息资源较之于联机检索信息资源更为优越。

数字信息环境下，数字资源大为发展，已经成为社会发展、经济建设、科学研究不可或缺的重要信息资源。因此，数字信息资源成了图书馆收藏的重要对象。近年来，数字信息资源发展迅猛，不仅数量剧增，类型也更为多样化。按照所对应的非网络信息资源来划分，数字信息资源可分为电子图书、电子期刊、电子报纸、信息数据库等。

三、图书馆信息资源特点

（一）内容丰富

图书馆是人类信息资源的宝库，包罗万象。随着电子出版物、网络信息资源的加入，图书馆信息内容越来越丰富。丰富的信息资源覆盖了人类知识的各个领域，既有关于人文社会科学、自然科学、工程信息技术的信息，也有各种生活服务、娱乐消遣等信息。

（二）类型多样

最初图书馆信息资源只有印刷本和手抄本，20世纪70年代后，声像资料和缩微制品在我国图书馆的收藏量逐渐增加，进入20世纪80年代，机读文献开始进入图书馆和情报服务机构，而20世纪90年代特别是90年代后期，数据库、光盘、网络资源等在图书馆收藏中发展很快。图书馆信息资源不仅包括了传统文献信息资源，如印刷型的图书、期刊、报纸、档案、图谱等，还可以是视听型的录音带、录像带、胶片等，抑或是缩微型的缩微卡片，等等，而且还包括了电子出版物如磁带磁盘等，以及丰富的网络信息资源，如电子期刊、网络数据库等。可见，图书馆信息资源类型多样。

（三）各具特色

图书馆信息资源不仅类型多样，而且各类型信息资源各具特色。传统印刷型文献具有历史悠久、成熟定型、数量庞大、流通广泛、可长期保存和随时反复使用、符合阅读者习惯等优点，但同时也有出版周期长、不便更新、内容时效性差、信息量小、检索不便等缺点。电子出版物具有信息存储密度高、信息量大、占用空间小等优点，但同时也有系统依赖性强、使用不便等缺点。网络信息资源具有类型繁多、时效性强、检索较便利、超文本链接、多媒体、多语种等优点，同时也有信息无序分散、内容准确性较低、可靠性较差等缺点。

（四）资源共享

在网络环境下，每个图书馆只是网络整体的一部分或一个节点，一方面网络环境为图书馆信息资源共享提供了技术条件，另一方面网络整体协调性对图书馆的信息资源也提出了更高的要求，使共享性得以强化。当一个图书馆收藏的信息资源转化为一个个数据库并提供网上信息服务时，其他图书馆完全可以拿来直接使用，不必再把相同的资源进行加工上网，这种共享避免了信息资源的重复建设。

（五）分布广泛无序

图书馆信息资源不再局限于本馆内部，而是分布在不同国家和地区。在自愿的基础上，因特网通过传输控制协议/网际协议（TCP/IP）将不同的网络连接起来，对网络信息资源本身的组织管理无统一的标准和规范，网络信息呈全球化分布，信息资源分别存储在不同国家、不同地区的服务器上，不同的服务器采取不同的操作系统及数据结构、字符界面、图形界面、超文本形式等，缺乏集中统一的管理体制，从整体上看网络信息资源尚处于无序状态。

第二节　图书馆信息资源建设的内容与重点

一、图书馆信息资源建设的内容

（一）信息资源体系规划

信息资源体系指的是信息资源各要素相互联系、相互作用而形成的具有特定功能的有机系统。信息资源体系规划就是根据信息资源体系的功能要求来设计这个体系的微观结构和宏观结构。在微观层次上，就是每一个具体的图书馆根据本馆的性质、任务确定信息资源建设原则以及资源收藏的范围、重点和标准，提出本馆信息资源构成的基本模式，制订信息资源建设计划，以及各类型信息资源入藏的数量、比例、层次级别，从而建立起具有特色的信息资源体系。宏观层次上的信息资源体系规划就是从一个系统、一个地区乃至全国的整体出发，按照整体的规划和分工进行信息资源建设，从而建立起一个较为完备的整体化、综合化的信息资源体系。

（二）信息资源的选择与采集

图书馆根据制定的信息资源选择与采集原则、范围、重点、复本标准、书刊比例、纸质信息资源与电子信息特征及读者、用户利用特点，以及购置经费等情况来选择、采集各种信息资源。读者、用户的需求是动态的，因此，在信息资源的选择与采集这一环节，要跟踪其需求变化，这样才能使采集的信息资源得以有效利用，特别是对国外价格昂贵、规模大的数据库资源要慎重采集。

（三）馆藏资源数字化与数据库建设

为了便于资源共享，图书馆应通过计算机和大容量的存储技术、全文扫描技术、多媒体技术，将馆藏中具有独特价值的纸质文献转化为扫描版电子文献，以便更大范围地利用。数据库建设要将购买和自建相结合，除了有计划地采选一些数据库资源外，还要建设一些数据库。对图书馆来说，数据库建设主要是书目数据库和特色数据库建设。书目数据库是开发图书馆信息资源的基础数据库，也是图书馆实现网络化、自动化的基础，它直接关系到联机编目和联合目录数据库的建设，尤其是外文期刊的联合目录数据库的建设，其关系到资源的有效利用和资源共享问题。特色数据库是图书馆特色资源的集中反映，是图书馆充分展示其个性、提高其社会影响力和信息服务竞争力的核心资源，如北京大学图书馆的"北大名师"、浙江大学图书馆的中国科技史数字图书馆资料库等都是特色鲜明珍贵的数据库。图书馆可根据本馆馆藏优势，了解社会的需求，选择适合的主题，集中技术力量制作独具特色的专题数据库，为本地区乃至全国的用户提供服务。

（四）网上信息资源的开发利用

互联网信息资源丰富多彩，图书馆对其进行开发与组织，就可构建成自己的虚拟馆藏，为用户提供更多的信息源。这里的开发和利用就是根据用户的需求与资源建设的需要，搜索、选择、挖掘互联网中的信息资源，下载到本馆或本地的网络中，或链接到图书馆的网页上，建立 Internet 信息导航库，为用户提供服务。如今外文电子期刊备受用户青睐，但其价格昂贵，图书馆费尽全身解数也难以满足用户的需求。而现在网上有许多 OA 期刊，这是为用户解决电子期刊资源缺乏问题的新途径。图书馆可根据本馆用户的需求，尽可能地收集、挑选相关网站作为今后集成和跟踪的对象，广泛而有针对性地收集相关的 OA 期刊，为用户提供更多的外文电子期刊信息源。

（五）信息资源的组织管理

信息资源的组织管理包括对馆藏纸质信息资源和电子信息资源的组织管理，其目的是使资源得到有效的利用。纸质信息资源的布局、排列是相当重要的，如外文图书混杂在中文图书里就如同海底捞针，而将外文文献归放在人少的分馆则会更加减少其利用率。因此，要妥善处理图书馆馆藏布局，合理安排藏书结构，使馆藏得以充分利用。此外，图书馆的电子信息资源也日益增多，为此，图书馆要对购买的数据库资源进行整合，将不同类别的资源加以合理区分，以便用户利用，同时将购买的数据库与自建数据库有机地集成一体，对其内容进行充分揭示，实现跨库检索，提供"一站式"服务，尽可能地为用户信息利用提供便利，并节约其宝贵的时间。

（六）信息资源的共建与共享

进入信息时代，各种信息资源剧增，特别是随着数字化进程的快速推进，电子资源数量激增。数字信息环境下图书馆再也无法凭借一馆之力来满足用户日益增长的信息需求。因此，信息资源共享便成了图书馆的诉求，也是图书馆为之奋斗的最高目标。然而，信息资源共享的前提是信息资源共建。为此，信息资源共建是信息资源建设的一项重要内容。具体地说，数字信息环境下，信息资源共建共享要达到如下目标：通过整体规划与图书馆之间的分工协调，建立起相对完备的信息资源保障体系；形成覆盖面宽、利用便捷的书目信息网络；建立迅速、高效的文献传递系统和便利的馆际互借系统。

二、图书馆信息资源建设的重点

图书馆信息资源建设既包括文献型的资源建设，也包括数据库的建设，还包括网络信息资源的开发和组织。只有将文献资源建设、数据库建设与网络信息资源建设有机地结合起来，才能称得上是完整的图书馆信息资源建设。

（一）文献信息资源建设

文献信息资源是国家的重要资源，一个国家文献信息资源的存储、积累、开发、利用水平是国家科学技术能力、知识储备能力和信息占用能力的重要标志。国家科委科技信息司的概括充分说明了文献信息资源的重要性。所以，文献信息资源建设只能加强，不能放松。文献信息资源建设是国家信息资源建设的最后一道屏障，是国家信息战略的底线。文献信息资源建设主要有两种方式，即购入方式和非购入方式。购入方式是指图书馆用货币购买文献资源，它包括预订委托代购、邮购、复制等方法。非购入方式是指图书馆免费或使用少量经费获得各种非卖品文献，这是广辟途径扩大文献资源的重要方式。许多难得的内部资料，学术性强、情报价值高，但又不作为商品销售，对这种文献只能采用呈缴、调拨征集、交换、赠送的方法获取。在进行文献信息资源建设时，需注意以下两个方面。

1. 加强实体文献资源的积累

必须承认，数字资源与实体文献资源相比具有很大的优势，如传递速度快、获取便捷、储存方便、成本低等。同时也应当承认，数字阅读已经成为"互联网+"环境下最受读者喜爱的阅读形式，并且也已经成为"互联网+"环境下的一种阅读趋势，数字资源建设也已成为图书馆资源建设的重要组成部分。但同样应当承认的是，在"互联网+"环境下实体文献依然会受到一部分读者的青睐，仍然拥有一定的读者量。传统的图书阅读能给人带来一种满足感，新媒体带来的满足感相对较弱，尤其是阅读专业性书籍。由此可见，即使是在数字环境下，实体文献资源依然具有强大的生命力，数字资源不可能完全取代实体文献资源。也正因为如此，对于大多数公共图书馆和高校图书馆来说，实体文献资源建设仍然是图书馆资源建设的重要内容。

2. 确立"虚实并重"的图书馆资源建设

当数字阅读已成为一种阅读趋势时，虚拟馆藏是数字环境下信息资源的重要组成部分，不重视数字资源建设的图书馆不是现代图书馆。但是虚拟馆藏不能取代现实馆藏，实体文献资源仍然是大多数图书馆资源建设的重要内容。深究其原因，大致有以下三点。

第一，从图书馆的职能来看，传承人类文化遗产依然是数字环境下图书馆的主要职能之一。图书馆就是基于保存人类文化遗产的需要而产生的，尽管随着社会的不断发展进步，图书馆的功能也在不断发生转变，但保存人类文化遗产这一基本职能却不会改变；否则，图书馆也就不是图书馆了。

第二，从文献生产和社会需求来看，虽然网络环境下数字资源对出版行业带来的冲击很大，但传统出版行业通过跨界融合并形成创新驱动，实现了价值创新，印刷型文献资源数量在增加，市场占有率在稳定提升；从社会需求来看，纸质文献阅读仍然会受到许多成年读者的青睐，社会需要纸质文献。

第三，从信息安全的角度来看，在网络环境下，图书馆数据管理系统容易受到病毒和网络黑客的侵袭，导致信息资源受损。

（二）网络信息资源建设

网络信息资源是图书馆的虚拟馆藏，而非图书馆实实在在拥有的，相对文献信息资源建设而言，网络信息资源建设是图书馆面临的一项艰巨的任务，如何采集、组织、开发网络信息资源是图书馆信息资源建设的重要内容。网络信息资源既包括图书馆网上发布的数字化馆藏信息，又包括从网上获取的各类信息资源。网络信息资源建设也包括两个方面：一是将自身资源进行数字化并送上网络，二是通过网络获取别人的资源为自己的用户服务。

1. 信息资源的数字化

图书馆信息资源数字化是指图书馆的信息资源以计算机刻度形式，即以数字化形式存放，或是放在光盘里，或是放在磁盘里，对外服务时采取联机（在线）调用形式。从数字化的角度看，目前图书馆的信息资源可分为两大类：一类是已数字化的信息资源；另一类是非数字化的信息资源，即传统的文献资源。图书馆信息资源的数字化主要是指文献资源的数字化，实现文献资源数字化的方式有以下几种。

（1）利用扫描录入方式。将文献按原貌逐页存储为图像文件，并为其编制题名、作者、分类、主题词、关键词的索引，通过此索引可查找所需文献并显示其所在页面的图像文件。此方式可以保持文献的原貌，制作技术相对简单。

（2）以文本方式存储文献内容，辅之以全文检索系统构成的全文检索数据库。全文检索是指对数据库的全部字词编制索引，也可以采取逐字词遍历的方式从文库查找相应的字词，同时可以配以题名、作者等索引进行辅助检索，或对文库中的人名、地名、关键词等编制规范文档，进行后控，以提高查全率和查准率。

（3）全文版挂接扫描版，即将上述两种存储方式结合起来。理想的制作方法是先制作扫描版，然后利用光学汉字识别技术将其转换为文本格式，从而建立文本与页面的一一对应关系。使用时，用户可用全文版检索到特定词所在的句段，必要时可调阅该句所对应的页面文件（扫描版）用以观看文献的原貌。

2. 通过网络获取信息资源

网络为我们展示了无限的空间和无限的资源，现已成为全世界最大的信息资源宝库，它所包含的信息异常丰富。但由于互联网上的信息缺乏统一的组织管理和统一的目录，而信息资源是分布在整个网络中的，面对如此丰富的资源，人们往往在检索这个世界上最庞大的网络化信息资源宝库时感到无从下手。在我国，图书馆的现代化进程较慢，图书馆计算机网络尚需进一步建立和完善。如何抓住网上稍纵即逝的信息资源是当前图书馆关心且亟待解决的重要问题。目前，获取网上信息资源的途径主要有以下几种。

（1）精心筛选信息。由于网络至今仍处于无序状态，面对网上各式各样的信息图书馆，我们应有选择地利用，要选择对服务对象和执行自身任务有用的内容和健康的信息。

（2）网上直接取用信息。在因特网上快速浏览时，会不断遇到一些有用信息，可以直接将这些信息转移到指定的文档中以便利用。

（3）利用搜索引擎。虽然网上信息没有进行全面组织，也没有提供题录、文摘索引等服务，但是除了电子邮件外，均有相应的检索工具即搜索引擎。这些检索工具可以分为检索型和目录型两种。检索型工具允许用户选择检索词查找信息，适用于专题检索；目录型检索工具则要求用户按照系统事先设定的检索路径进行查寻，通过超文本链接层次搜寻，适用于宽泛检索。

（4）订阅网上电子文献。有些网上文献，特别是电子版研究刊物或资料，需要订阅后进行有偿使用。

（三）实体文献资源和数字资源协调建设

实体文献资源和数字资源是"互联网＋"环境下图书馆资源建设的重要内容，实现二者的协调发展是未来图书馆资源建设的方向。对于具有学术价值、文化价值、保存价值的图书，要注重纸质文献的收藏，以实现图书馆传承人类文化遗产的职能；对具有实用性、知识性、娱乐休闲性的图书，要加强数字资源建设以满足读者的需求,从而实现图书馆传递科学情报、开发智力资源、提供文化娱乐的功能。同时,不同类型的图书馆应该根据服务对象和职能定位制定不同的资源建设政策。例如,专业图书馆和学术型图书馆应该注重实体文献资源和数字资源并重的建设方针;面向大众的公共图书馆,因读者主体多元化和需求的广泛性、复杂性,应该注重实体馆藏资源的建设;高校图书馆,主要为教学和科研服务,服务的对象主要是教师和大学生,应该采取实体馆藏与虚拟馆藏并重的资源建设方针。

(四)数据库建设

在信息资源建设中,数据库建设起着举足轻重的作用,所以把它单独列出来。目前国内许多图书情报机构正在建设数据库,通过图书情报网络可以统筹建设各类数据库,达到节省经费和资源共享的目的。我国的数据库建设是在 20世纪 70 年代末伴随科技情报检索和图书馆自动化的开展而开始的;到 80 年代末,已经初具规模;进入 90 年代,数据库建设越来越受到我国图书馆界及其他信息服务部门的重视,建设规模扩大,并取得了可喜的成果,具体如下。

1. 书目数据库

书目数据库是文献数据库的一种,它有两种类型:文摘索引数据库和图书馆目录数据库。文摘索引数据库主要是简要通报有关领域某一时期发表的文献,供人们查阅与检索,它的内容性质与书本式文摘索引相同。它提供确定的文献来源信息,可准确地鉴别相对应的原始文献。但是,它一般不提供原始文献的馆藏信息。图书馆目录数据库又称为"机读目录",即 MARC。它主要报道和存储特定图书馆实际收藏的各种文献资料的书目信息和存储地址。它既是一般用户查找图书馆馆藏文献的搜索工具,也是图书馆重要的业务管理工具。

2. 特色数据库

特色数据库指图书馆在统一协调组织下,根据本单位文献格局、人力物力等现实条件和本系统地区社会发展的信息需求,选择适合的主题,系统开发的新颖独特的数据库。这类数据库的特点是图文并茂,有鲜明的地域特色和馆藏特色,视觉效果好,主题鲜明,动态更新,有特定的阅读人群。图书馆可建立本馆信息资源定位系统,使资源开发的数据库上网流通。通过网络结点在网页中介绍自己的资源特色,馆藏文献书目数据库和特色数据库利用网络优势互补,必要时还可建立站点索引或搜索引擎。

第三节　图书馆信息资源的利用与评价

一、图书馆信息资源的利用

（一）文献信息资源的利用

图书馆文献信息资源的开发以各种新型的文献信息产品为目标，以储藏的信息资源为开发对象，以鉴别、加工、研究、编撰等主要手段来满足用户的各种需求。它把具有利用价值的文献信息进行搜集、筛选、整合，为用户提供优质服务，使信息资源得到充分开发利用。文献信息资源的深层开发是指对文献信息资源进行深层次的整理、加工，并为用户提供跨学科、跨地域的服务，为图书馆深层开发网络信息资源提供了巨大的潜在市场，为网络环境下信息资源的开发利用创造了有利条件。图书馆应建立属于自己的信息网络平台，将馆藏文献信息电子数据化，建立和发展适应用户需求变化的各种类型数据库，加快网络数据库开发的步伐。

（二）网络信息资源的利用

1. 网络信息资源的利用形式

（1）网络出版物利用。图书馆将出版放在了一个相当的战略高度，并积极和出版机构合作，探索新型学术信息出版和交流形式。

（2）专题数字信息利用。图书馆展示一些罕见的数字化专业书刊，同时也对一些特色原生资源进行数字化处理。专题数字信息服务一方面充分体现了馆藏的特色化，另一方面使数字化资源具备了为深入的创新性研究提供素材的特性。

（3）网络指南利用。图书馆对指南服务的设计相当周密醒目，小到图书馆的地理位置大到周围的地图，一应俱全。

（4）数字参考利用。信息提供和信息需求者双方之间以互联网为基础，按一定的协议或标准进行信息交流活动。

（5）学习和教学资料利用。该类服务的主要服务内容有两方面。一方面是教程支持，美国几乎每一个高等学校图书馆均有电子教材储备库网站，提供帮助教员和学生链接网络课件和教学资料网页的服务，为教师们获取教学资料提供了各种渠道。还有一些高等学校图书馆正致力于各种课程资料（包括课程录音在内的流媒体）的网络访问。另一方面是学习资料支持，如美国哥伦比亚大学的虚拟阅览室，提供核心课程的有关教材版本，这些教材版本均由教育支持软件集成，以便学生进行注解和讨论。而美国布朗大学的 *Reading for Your Students* 则成为教师和学生之间的桥梁，帮助教师提供学术研究需要阅读的资料目录，既为教师提供了教学支持，又有利于学生更有效地利用资料进行学习。

（6）个性化定制服务及主动服务中的信息提供利用。

（7）网络工具利用。注重集成各种对学术研究有价值的信息资源，如用于文本分析和重点编辑的软件程序、超文本和数据库研究工具、数据库管理程序等，支持信息用户在收集信息过程中组织和解释信息的工作。

2. 网络信息资源利用模式

按技术平台划分，网络信息资源的利用手段包括 Web 访问、电子邮件、网上聊天、公告板、呼叫中心、远程会议和协同平台。根据《中国互联网络发展状况统计报告》，可以了解多种汇总网络信息资源利用的方法，同时分析了公众最喜欢的信息利用手段，电子邮件方式已经很普及，应该是每种信息服务必选的交流服务手段。搜索引擎和信息查询方式是公众常用的方式，需要公共信息服务部门进一步完善搜索引擎利用功能，需要学术信息服务部门尽快加入公共信息服务的行列，吸引更多的专家和学者利用学术信息，迫使公众的知识结构有所改变。充分利用网上聊天、BBS 论坛、社区、讨论组、新闻组等强化网络面对面的信息需求和信息利用的互动。当然，对于其他手段也需要在信息服务过程中平衡利用。网络信息资源利用模式主要有以下三种。

（1）重点信息资源保障利用模式。信息资源生产和服务部门存在多种组织结构，在传统的信息服务中，这种信息利用模式很有优势，但在网络环境下，这种信息利用模式带来极大的资源浪费，曾有人评价图书馆、信息中心从事的是重复劳动。为了避免重复劳动，一个部门应有重点信息保障的要求，一个地区也需要有信息保障规定，一个国家也要有重点信息保障的规划。可设计一种分工合作的公共服务体系，规划网站服务商，建立以公共资源为中心的利用模式；公共图书馆、档案馆、博物馆建立以文化教育知识服务为中心的利用模式；大学图书馆、研究所图书馆、信息中心建立以学术信息资源为中心的利用模式；企业信息中心和咨询信息中心建立以竞争信息为中心的利用模式。

（2）学科信息资源利用模式。随着知识时代的来临，知识管理广泛应用，构建知识服务网络显得格外重要。可以在国家范围内设立虚拟学科信息服务中心，附设在相关的信息服务部门，使该部门的自身事业发展和社会服务发展紧密结合，形成信息利用的双赢或多赢。

（3）互动信息利用模式。互动信息利用模式展现出知识时代的特征。任何信息需求都是不确定的，任何信息资源都不是先组式，而是后组式，任何一种服务方式都是随着需求、利益而改变的，服务的主体和客体是互相影响和互相转换的。

二、图书馆信息资源的评价

（一）评价方法

1. 定性评价法

即按照一定的评价标准对被评价的网络资源的各方面特征、质量等做出主观评判的一种方法。虽然这种评价方法主观性较大，但从网络信息复杂的特点来看，利用数学统计工具评价难度较大，利用定性评价法比较合适，如用户评价法、元数据评价法等。

2. 定量评价法

即利用数据分析方法，对调查统计数据进行分析，进而做出较系统、客观的评判。目前对网络信息进行的定量评价，一般是对统计访问次数、登录情况、链接数量、被引用的数量等进行统计分析，进而对用户兴趣、网站影响力、站点所提供信息的水平和可信度做出评判，如链接法、网络计量法等。

3. 定性与定量相结合的方法

即按照一定的评价标准在对某一对象进行组织与评价时，既要对某事物的各方面特征、特质等做出主观定性评判，又要利用数据分析方法，对调查统计数据进行分析，最后通过定性和定量评价，而做出较客观的评判的一种方法，如层次分析法、模糊综合评价法等。

4. 第三方评价法

第三方评价法主要是相对于网络信息资源的发布者以及网络信息资源用户而言的第三方来评价网络资源的方法。目前主要有商业性的专业网络资源评价网站和图书馆提供的网络资源评价服务。其缺点是评价的效果取决于评价指标和方法过程选择的客观性、合理性、科学性与公正性，但评价指标体系的选择、相关指标权重和赋值以及评价的方法与过程往往具有不可克服的主观性；网络信息的易变性和动态性使得网络信息资源的评价工作往往滞后于实际情况的变化；由于网络信息资源用户的广泛性，第三方制定的网络信息资源的质量指标仍无法满足用户的个性化与特殊性信息需求。

5. 用户评价法

用户评价方式主要是由有关网络资源评价的专业机构向用户提供相关的评价指标体系和方法，由用户根据其特定信息需求从中选择符合其需要的评价指标和方法。这种方式有助于用户搜集完全符合自身特定需要的网络信息资源，但由于需要用户依照评价指标和评价方法对每一个网络信息资源实体进行鉴别和评价，事实上反而增加了用户的负担，用户评价方法多为定性评价方法。

6. 层次分析法

层次分析法（AHP）是美国运筹学家、匹兹堡大学教授托马斯·萨蒂（Thomas Saaty）于20世纪70年代中期提出的一种定性和定量分析相结合的系统分析法。层次分析法的基本步骤如下：将复杂问题概念化，找出研究对象所涉及的主要因素；分析各因素的关联、隶属关系，构建有序的阶梯层次结构模型；对同一层次的各因素，根据上一层次中某一准则的相对重要性进行两两比较，建立判断矩阵；由判断矩阵计算被比较因素对上一层该准则的相对权重，并进行一致性检验；计算各层次相对于系统总目标合成权重，进行层次总排序。

7. 链接分析法

通过对网站链接特征及站外链接类型做调查分析，综合评价利用链接关系评价网络信息资源的可行性与局限性。链接分析法的优点是，可利用搜索引擎查找网页的被链情况，得到一组客观数字，可重复验证，易于操作，经济实用，针对性强，可以弥补定性方法的缺陷。但是需要注意，不同类型的网站有不同的链接特征，因此在利用链接关系对多个网站进行比较时，应选择好比较的对象，使其具有可比性。

8. 网络计量法

为了克服第三方评价法的缺陷，有学者提出根据网络信息资源自身规律进行定量网络资源评价的思路。该方法借鉴了文献计量学的思想。拉波特（Laporte）等提出通过计算机资源被检索或被引用的次数来测定网络资源的重要性，也有专家提出通过引文分析法来评价网络信息资源。

（二）评价实施步骤

在网络信息资源组织与评价中，要有一定的计划和步骤，实现步骤大致如下。

第一步：组织与评价对象的确定。根据图书馆自身业务需求确定要对哪些具体的网络信息资源和网站进行主动或被动评价。主动评价或被动评价确定评价对象的方法是不一样的。被动评价过程中是评价人员被动地接受用户提供的网络信息资源进行评价，评价对象是别人提供的。

第二步：评价标准的初选。先全面收集各种相关评价标准，寻找以下权威部门或权威人士，可作为本部门制定评价标准的咨询网络信息资源：权威网络信息资源中心或情报机构，进行网上资源评价的期刊和出版物，网上评估服务机构，图书馆咨询服务专家，图书馆学、情报学专家，图书馆学、情报学出版物的资深编辑。

第三步：对评价标准进行处理和进一步选择。对第一阶段选择的标准进行内容分析，消除内容重复和含义不清的标准，使选出的标准初步规范化和系统化。

第四步：标准的评价和筛选。选择后的标准是否可行，需要图书馆对经验丰富的网上资源用户进行调查，或通过同行评议从而得出可能的网络信息资源质量标准和网站质量标准。根据标准与评价工作的相关性对标准进行分级，可分为无关、大部分无关、相关、比较相关和高度相关的几个级别，从而筛选出一套合适的标准指标体系供网络信息资源评价时使用。

第五步：评价、筛选后网络信息资源的组织。传统文献资源的组织方法往往只采用顺序的、线形的和固定的组织方式，缺乏内在的联系。面对网络信息资源组织先要打破传统的信息组织模式，可通过网上编目，利用多种标准原则，对不稳定的信息进行规范控制和处理。采用分类检索与主题检索相结合，以及分类和索引字段的自动化方法。充分地利用多元化的、交互式的、动态的网络信息环境来揭示和组织网络信息资源，客观地反映多维性的知识空间。

第六步：定期对使用情况进行统计分析。定期对资源使用情况进行统计分析不仅可以对前期评价和组织资源工作的成效进行检验，促进今后的资源评价和组织工作的开展，还可以通过统计利用率来了解用户的信息需求趋向，以便调整今后资源组织的专业趋向，从而最大限度地满足用户的信息需求。

第四节　图书馆信息公共资源的共建共享

一、信息资源共建共享的重要意义

（一）实现效益的最大化

如何利用有限的经费获取尽可能多的资源，是信息资源建设的一项基本原则。在没有进行整体规划和协调的前提下，各图书馆自给自足和各行其是的信息资源建设方针，必然会带来信息资源的重复建设问题，无法达到对有限经费的合理利用。尤其是近年数字化进程的加快，各图书馆在数字化资源建设中，存在着多个图书馆对同一文献进行数字化处理的现象，这在很大程度上造成了资金的严重浪费。针对这一严重的浪费现象，各图书馆应实行信息资源共建共享，从而对各单位馆藏进行合理布局、分工协调，突出各单位馆藏文献信息资源的基本特色，通过馆际互借、文献传递等共享方式，将信息资源建设经费发挥到最优。

此外，许多图书馆通过图书馆联盟，以集团购买的形式采集数字化资源，也可以大大节约信息资源建设的成本，提高经费的使用效益，增加信息资源的价值。

（二）避免信息资源的重复建设

信息资源共建共享实现了各图书馆信息资源之间的相互流通、分享利用，可以在很大程度上弥补自身信息资源的缺乏和不足。参与信息资源共享的图书馆可统筹规划其信息资源建设，可以避免重复购置、建设那些能从其他图书馆共享到的信息资源，从而可将更多的资金用于发展自身的特色信息资源建设。这样，既可从整体上最大限度地避免信息资源的重复建设，又能提高各图书馆的信息资源建设水平和质量，提高信息资源系统的保障能力。

（三）实现信息资源的公平获取

地区发展水平的差距使得信息资源公共获取上存在一定的差距，而这种信息的不公平又加剧了地区间的贫富差距。在我国，信息资源的分布出现了东部多西部少，且集中在少数几个大城市的不合理布局。这不仅容易造成信息资源的重复建设，还形成了信息鸿沟。所谓信息鸿沟，即信息富有者和信息贫困者之间的鸿沟。

信息鸿沟的出现日益影响着全民生活品质的提高和全社会的协调发展。要缩小信息鸿沟，就需要在经济欠发达地区加大对信息资源建设的各项投入，建立起具有一定规模的信息资源库。但是，信息更新快的特点决定了要求欠发达地区的信息资源建设步伐跟上信息资源的更新速度，这无疑使经费等社会资源不足的欠发达地区的信息资源建设雪上加霜，从而造成信息资源的重复建设和严重的浪费。要解决发展需要与现实之间的矛盾，只有建立和完善信息资源共建共享，才能不断缩小信息鸿沟，逐步实现信息公平。

（四）提高信息资源的利用率

信息资源共建共享对于开发系统、科学的信息资源系统，最大限度地避免重建具有重要意义。同时，还能使参与共享活动的各图书馆之间形成信息资源建设各有特色的局面。

各图书馆之间实现信息资源共享，但就其中的某一个图书馆而言，利用这种信息资源共享局势，不仅可以为其用户提供本馆所拥有的信息产品和信息服务，还可以为其提供共享合作单位的信息产品和服务。这样，在更好地满足用户信息需求的同时，还可增加该馆所拥有的用户数量和使用范围，提高其信息资源利用率，对社会整体信息资源利用率的提高也具有很高的价值。

（五）满足用户需求的最有效途径

随着生活水平的提高，人们对信息资源的需求不再仅仅满足于单一的服务方式和服务内容，而是开始寻找那些内容全、形式多样、来源广泛的信息资源。图书馆想要满足现代信息用户多样、复杂的信息需求，只有在各图书馆之间实现信息资源共享，将其他图书馆丰富的信息资源作为自身信息资源建设的有利补充和无限延伸，才能真正为用户提供高效率和高质量的服务。实现全社会信息资源的共建共享，有利于将各个图书馆的信息资源集合起来共同构成一个大而全的数据库。在这个大而全的数据库中，各个图书馆相当于不同的入口，用户可以利用其中的任何一个入口获得所需要的信息资源。

二、影响图书馆信息公共资源共建共享的因素

互联网技术的发展为图书馆信息资源的共建共享提供了极大的便利。通过互联网平台，可以自由地和各地区的图书馆、文化部门进行交流，不再受到时间与空间的影响，可以利用互联网服务，快速地实现信息资源的共建共享。联合国教科文组织提出了开放的思想，建议图书馆工作从被动地位转为主动地位，大大促进了图书馆信息资源共建共享工作。近年来，图书馆信息资源的共建共

享也一直受到国家与文化管理部门的关注与重视。如何做好信息资源共建共享，已经成为图书馆工作者共同思考的重点问题。这些因素都是影响共建共享的积极因素。

除了上面的积极因素，还有一些消极因素也影响着图书馆信息公共资源的共建共享：近几年各类书刊资源的价格快速增长，这就代表着图书馆需要更多的经费来购买文献资源，而进行网络平台建设也需要购买各种软、硬件设施，但资金投入不足的问题始终存在，给图书馆的资源建设工作造成了阻碍；信息资源共建共享，代表着不同的图书馆之间要进行合作式的工作，但目前各个图书馆在工作规范化方面没有统一，在实际进行联合采购、馆际互借等工作内容时，经常会因为标准不统一导致工作无法顺利开展；信息资源数据库建设是网络环境下实现信息资源共建共享的首要工作，同时也是图书馆信息资源共建共享的基础与关键，然而，现有的数据库建设仍存在许多问题，例如，数据库各项功能的完善、部分小型图书馆数据库水平较低、数据库的维护与更新问题等。

三、图书馆信息公共资源共建共享的平台建设

（一）共建共享的平台

图书馆信息资源共享及其前期工作信息资源配置（相当于共建）事关科教兴国的百年大业，需要所有图书馆馆员全身心地投入，认真地准备，真诚地合作，务实地工作，无私地奉献，需要从最基础的平台建设做起。就图书馆信息资源共享的操作和运行而言，需要三种必备的平台，即技术平台、管理平台和法规平台。

图书馆信息资源共享的技术平台在此特指网络环境中的信息资源共享活动的计算机和通信体系结构，其组成元素包括计算机系统和应用软件，以及电子通信网络等。其中计算机系统或称"硬件系统"，是图书馆信息资源共享平台的物质基础。软件系统是图书馆信息资源共享系统的中枢控制部分，主要包括系统软件和应用软件两大类，系统软件（也称通用软件）是支撑计算机硬件运行的指令的集合，而应用软件（也称专用软件）则是支持特定的业务活动的指令集，图书馆软件就是一种应用软件，它事实上是现代图书馆管理思想的程序化。需要指出，目前多数图书馆软件只是传统图书馆工作流程和管理思想的一种模拟，这样的软件不能够满足网络环境下信息资源共享的需要，满足网络时代需要的软件应该建立在图书馆业务流程重组、网络思维和共享模式的基础上。电子通信网络是图书馆信息资源共享平台的神经系统，是联结所有硬件并使之协同作用的物质基础，有局域网、城域网、广域网之分。每一个图书馆内部的网络都相当于一个局域网（有的图书馆，如高校图书馆网络有时往往是母机结

构局域网的一部分），一个城市（或一个地区）内部的图书馆网络互联形成的网际网相当于城域网，城域网之间互联则形成城际网、广域网。我国图书馆信息资源共享的技术平台建设应有选择地优先发展城域网，然后实现城域网互联，最终以城际网为核心形成辐射到农村地区的全国图书馆信息资源网络。技术平台建设的关键是要解决规划问题和标准问题，网络规划要兼顾当前需要和长远发展，要着眼于与国际接轨，要为未来发展预留空间；网络标准则要侧重兼容和规范化，确保国际标准、国内标准以及各行业系统条例和细则的兼容，确保用户界面、数据格式、数据库建设规则、信息交换协议等的统一。

图书馆信息资源建设的管理平台在此主要指信息资源共享观念体系、协调组织、管理方法和程序等软件基础。图书馆信息资源共享的实现需要有一个观念基础，即提倡和推行全局观念、资源观念、合作观念、双赢观念、投入产出观念、创新观念和服务观念，通过图书馆研讨班等活动首先强化决策者的共建共享意识，通过调整图书馆评估标准（如不再以馆藏数量而是以馆藏特色和协作系数作为衡量一个图书馆的主要标准）等方式改变图书馆的资源配置方向和内容，通过小范围的、局部的共享实践为广大图书馆提供直观感受信息资源共享的机会，通过宣传、报道、学习、研究等各种手段把上述种种观念内化为所有图书馆人的共识，从而为全面的信息资源共享扫清认识障碍。图书馆信息资源共享的协调组织是管理平台建设的关键。新中国成立后尤其是改革开放后的实践证明，由政府出资而成立行政的官方协调机构是不现实的。信息资源共享主要是一种自愿行为，协调机构的组成必须能够体现共享各方和各个层面的利益，必须能够体现协商的性质，否则就难以实现。同时，图书馆信息资源共享协调组织组建的程序也要体现自愿和互利的原则，条件成熟的地区可以先成立，多开展一些活动，条件不成熟的地区可以暂缓，绝不能强求划一，挫伤成员馆的积极性。至于图书馆信息资源共享的管理程序和方法，一般可以视为协调组织的产物，具体内容涉及成员馆的评估和吸纳、成员馆义务和权利的规定、共建共享规划的制定、共建共享标准的确定和监督实施、共建共享规划的制度、共建共享活动的组织和调控、重大事件的决策程序、成员馆纠纷的仲裁、共建共享经费的预算和决算、协调委员会的权限及其任期和选举等。这些程序和方法应体现公平、科学、民主的原则，经所有成员馆协商和讨论后确定。在这个问题上，美国OCLC（联机计算机图书馆中心）的一些做法可供我国图书馆界借鉴。管理平台虽然是一种软平台，但其重要性不亚于技术平台，可以说，目前制约我国图书馆信息资源共享的最主要的因素不是技术而是管理，管理的问题一旦解决了或者说管理的水平若能够上一个

71

台阶，那么，图书馆信息资源共享就会有跨越性的发展。

图书馆信息资源共享的法规平台泛指各种与信息资源共建共享有关的法律和规章制度，由于规章制度逻辑上属于管理平台的范畴，在此主要讨论超出协调组织权限的政府政策和法律问题。事实上，信息资源共享是一个需要多行业参与和协助的社会活动，图书馆仅是其中的一个环境，为了协调不同行业之间的利益和职责就需要政府出面制定相应的政策和法规，规范各方的行为，确保各方的利益不受侵害。

（二）加强信息资源共建共享平台功能开发

图书馆具有参与社会教育的职能，向人民大众提供获取信息、学习知识的场所，丰富人们的精神文化生活。图书馆信息资源共建共享，不仅仅是为了各图书馆之间能够共同进行资源整合与管理，提高工作质量与效率，更是为了能够尽可能完善对用户的服务质量。因此，在进行基础数据库的建设后，对于信息资源共享平台的功能开放也是必不可少的。首先，要保证资源共享平台的全方位、多元化的资源共享服务，利用互联网的便捷性通过各种方式与用户共享信息资源；其次，要优化检索功能，建立标题、作者、年份、关键词等多途径智能检索系统，让用户能够快速地找到自己想要的信息资源；最后，可以增加更加个性化的信息推送功能，将图书馆的角色由被动转为主动，将信息资源主动地推送给用户，积极和用户产生互动，以此实现资源共享。

四、图书馆信息公共资源共建共享模式

（一）区域协作模式

区域协作是一个地理概念，包括区域内协作和区域间协作。区域内协作，即图书情报及信息机构之间的合作；区域间协作是指国与国之间、地区与地区之间、城市与城市之间通过合作的方式达到功能互补和资源互补的目标。

（二）协作团体或信息中心模式

美国信息资源的共享依托于本国内各种类型的图书馆协作团体。这些协作团体都是自发组织的，主要以大学图书馆为中心，也包括一些公共图书馆。虽然在当时这些图书馆协作团体由于技术等原因没有达到理想的共享效果，但这些协作团体的出现为后来网络环境下信息资源的共享起到了奠基作用。因为它是介于市场配置和组织内配置之间的第三态的信息资源配置方式，同时也是一种介于政府行为与图书馆个体之间的中间组织形式。所以它的出现逐渐取代了

以往的图书馆单干的局面，同时也避免了完全由政府包办的局限性，为新一代图书馆的信息资源共享奠定了组织基础。因此，可以说美国图书馆资源共享的发展离不开图书馆协作团体的出现及其管理机制的建立和成熟。此外，美国的图书馆协会和学会在组织和协调资源共建共享上起着重要的作用。

（三）馆际互借模式

馆际互借是国内外图书馆开展信息资源共享服务最早也是最普遍应用的手段之一。与世界各国一样，馆际互借也是我国图书馆最早的文献资源共享形式。1956 到 1994 年期间实施的是传统环境下的馆际互借，1994 年至今是网络环境下的馆际互借。

传统的馆际互借是指通过印刷型联合目录、电话等方式获知其他馆的书目信息，然后以邮寄、邮政快递或网络内部的运输系统等文献传递手段进行图书馆之间文献的相互利用。1956 年，我国颁布了第一个馆际互借条例《高等学校图书馆馆际互借办法（草案）》。1957 年开始，我国开展了大规模的馆际互借活动，此后，馆际互借活动进入全面发展阶段。随着经济建设的蓬勃开展，社会的信息需求迅速增长，各个系统的图书馆为了满足社会信息需求，也都开展了不同程度的馆际互借活动。1985 年，国家图书馆也与国内千余个图书情报单位开展了馆际互借。

1994 年，在互联网的影响下，馆际互借的环境也发生了很大变化。首先是获知其他馆书目信息的手段发生了变化，既可以用联机的方式批量检索网络内成员馆的书目信息，也可以通过网上检索的方式具体检索某一图书馆的书目信息；其次是文献传递的手段发生了变化，借出馆可以将文献数字化并通过网络将数字化的信息快速传递给最终用户或借入馆，从而大大提高馆际互借的效率。

在网络环境中馆际互借的影响下，我国图书馆也取得了实质性进展，基于网络环境的联机馆际互借和准联机馆际互借都不同程度地得到运用。1999 年 1 月 1 日，由国家图书馆牵头组织，共有 124 个图书馆参加的全国图书馆馆际互借网络就是基于网络环境的准联机型馆际互借。

信息资源共享模式各有自己的特点和不足，各个模式也并非相互排斥、非此即彼的。我国在信息资源共享建设方面也一直在探索，尤其是网络环境下，计算机技术、通信技术及数据库技术在图书馆界的广泛应用，使得信息资源共享的进展有了无限的可能性。虽然我国近些年在区域内、系统内或某一主题的资源共享取得了一定的成绩，但是我国信息资源的宏观建设在整体规划、团结协作、政策保障、技术支持等方面还存在着很多不足的地方。所以应借鉴国外相关的成功经验，开发和建设适合我国发展的信息资源共享模式。

以区域合作、系统内合作模式为中间模式开展宏观资源建设、共享。我国地域辽阔，图书情报和信息机构星罗棋布，分属不同层次和不同系统。如果要实现全国信息资源的共享建设，必须依托于我国目前这种信息机构的行政管理模式，将全国各区域、各系统内的图书情报的资源作为全国信息资源体系的一部分，各个部分根据自身的规模大小、资源特点划分为不同等级的影响要素，这些部分按照其地理位置或行业特点以一定方式结合成若干层次的子系统，各子系统再以一定方式组合成全国信息资源大系统。

根据决策论中层次结构分析的理论以及我国目前信息机构的行政管理模式，全国信息资源大系统应由三个层次组合而成，即目标层（最高层）、保障层（中间层）和实施层（最底层）。在中间层中，各类图书情报机构及其图书情报个体按照地理位置或行业特点组合成地域性和行业性信息资源保障子系统，对信息资源整体化建设的目标形成联合支撑。在最底层中，各图书馆和信息中心实体的优势馆藏、特色馆藏将汇聚成提供信息资源保障的根基，这种汇聚通过系统自身内聚力与各组成部分之间的相互作用，呈现出更为强大的整体服务功能，并以整体优势最大限度地满足社会的信息需求，而绝非简单的馆藏集合。同时，该系统的管理与协调应服从全国性协调机构的宏观控制与统筹规划，逐步建立布局与结构更为合理均衡、能够适应未来发展和读者信息需求、覆盖我国各类学科范围的信息资源体系。这是实现我国信息资源共建共享的关键。

（四）网络咨询模式

图书馆收藏的印刷品、光盘、磁盘以及网络信息资源等是开展信息资源服务的物质基础。网络咨询是网络环境下图书馆开展文献信息资源共享的一种新形式。它以计算机网络为媒介，以图书馆的文献信息和参考咨询为资源，通过满足用户的信息需求来促进信息的共享。目前，国家图书馆和广东中山图书馆等已经在网上开展了网络咨询服务。例如，由国家图书馆信息咨询中心主办的全国图书馆信息咨询协作网，它以国家图书馆为依托，建立网员制咨询服务协作关系。

（五）馆际文献复制模式

随着复印机在图书馆的普及，文献复制也在文献信息资源共享活动中逐渐开展起来，成为图书馆之间共享期刊、学位论文、会议录、科技报告等文献信息资源的主要形式。

（六）馆际互阅模式

馆际互阅是指图书馆的读者凭借证件可以在联盟内任何一个图书馆进行文献阅览活动。早在 1957 年开始的全国文献信息资源共享活动中，网络成员馆之间发放通用阅览证就成为一种文献资源共享的辅助形式。随着我国图书馆文献资源共享活动的广泛开展，网络成员馆之间发放通用阅览证又成为图书馆开展资源共享的一种形式，为全国各个系统的文献信息共享协作网所采用。

五、图书馆信息公共资源共建共享对策

（一）加强共建共享理念的普及与实施

信息资源共建共享是国家信息化进程发展的必然趋势。在信息资源建设中，要有全国一盘棋的思想。打破原有的各自为政的局面，形成相互合作、相辅相成的服务体系，走资源共建共享、优势互补的整体化路子，推动信息资源的充分开发利用，扩大信息资源共享范围。

（二）政策及资金的投入

图书馆文献资源的共建共享离不开政策支持和资金保障。开展数字资源建设和服务平台建设需要购置商业数据库、自加工特色数据，建立网络服务环境，包括服务器、带宽扩建等，系统的日常运作也需要投入大量的人力和物力。不同层次、不同领域、不同地域的图书馆资源共建共享涉及机构、人员的职能变动，知识产权和文献资产需要有明确的授权和管理认可。相关政府部门应该加强顶层设计，出台相关政策文件，加强政策支持和引导，针对新技术时代的新特点修订图书馆版权例外制度，完善共建共享相关法制机制。管理机构要根据提供的资源内容及服务效果进行绩效评估，对各成员馆做出差额补偿，给予经费支持。图书馆联盟要建立合理的利益调节机制和激励奖励机制，在核心馆承担主要建设任务的基础上，让每个成员馆都分担资源建设和系统运行的成本。这是图书馆开展资源共建共享的前提条件。

（三）统一共建共享工作标准

标准化和规范化是资源共建共享的必备条件，共建是共享的基础，共建的目的是更好地共享。因此，各成员单位要严格按照国家制定的标准开展图书馆的各项工作，重视标准和规范的实施，只有遵循建设的标准化、规范化，才能实现信息资源的转换、交流、兼容，实现不同专业化系统资源的通畅共享。

要想更加顺利地完成图书馆信息资源共建共享工作，让各个参与的图书馆能够更加流畅地合作与交流，必须统一标准，规范数据库的使用，保障良好的资源共建共享技术环境。参与资源共建共享工作的图书馆要认识到制定规范的意义，绝不可各行其是，要将眼光放长放远。图书馆信息资源共建共享，不只是为了避免人力与物力的无端浪费与消耗，更是为了联合其他图书馆，通过联机检索、采购查重、馆际互借等方法，考虑整体的馆藏资源情况，建立起具有国际化水平的大型数据库，为国家文化事业的发展奠定基础，为人民群众提供更优良的文化服务。

（四）建立法律法规保障体系

完备的法律法规体系是图书馆信息资源共建共享工作的行动指南。图书馆信息资源共建共享是多部门协作的系统工作，需要制定相应的政策法规来规范各方行为，从而使得共享各环节的工作更具有合法性、规范性，以保障共享合作的有效性和有序性，同时保障合作方的权利得到有效满足。

（五）加强技术创新

网络技术为信息资源共建共享供了必备的技术支持条件和保障，要制定网络资源的操作规程和行为规范，不断改进提升资源的传输手段，特别是在自主创新和集成创新方面，技术创新可以获得更多的主动权和资源产品的竞争力，亦可得到更好的经济效益和社会效益，从而有效推动信息资源共建共享建设良性循环和持续发展。

海量资源环境需要多馆通力合作，共建充足的资源。如何共建、如何分工、建立什么样的规则、应用什么样的数据、采取什么样的技术和搭建什么样的平台等问题的关键是这些措施和技术的可执行性。例如，针对不同区域、不同系统的地域特征、产业和资源优势，建立集通用馆藏和特色馆藏于一体的科学合理的文献资源布局体系，以实现文献资源的统筹配置，开展差异化的建设和服务，凸显联盟资源优势和各分馆的独特性，避免文献资源的同质化和重复建设；制定数据规范，在满足共建共享的基础上尽可能简化，以保证联合目录的有效建立。如果一味地追求规范的严谨性，则很难适应多年来在多个标准体系下建立起来的资源共享系统。

（六）提升馆员服务素质

对图书馆工作人员开展专业化、系统化培训，提升工作人员的业务水平，馆员通过技术手段，借助网络捕获网络资源，并进行深层次开发，去伪存真，给用户提供更丰富的信息资源和更好的服务。

（七）加强对读者的引导

图书馆应加大宣传力度，向读者推销馆藏资源，特别是特色资源，并对用户开展数字化、网络化基础知识以及图书馆服务设备基本操作技能和软件使用技巧培训，提高用户的操作水平和资源的查阅速度，促进资源的充分利用。

第四章　图书馆信息化建设平台

图书馆信息化平台建设是图书馆建设的核心内容之一，也是全球一体化的必然趋势，要实现图书馆的数据存储、资源共享、科研服务、个人资源服务以及馆际交流等功能，就要积极构建图书馆信息化平台，提高图书馆工作效率和服务质量。本章分为硬件平台、软件平台、网络平台、体系结构与标准化、图书馆跨平台信息检索系统五个部分。主要包括图书馆信息化建设中的计算机硬件平台、软件平台，用于图书馆信息传输的网络平台，图书馆信息化建设平台体系结构及标准化建设，跨平台信息检索概述，图书馆跨平台信息检索必要性及模式等内容。

第一节　硬件平台

一、计算机硬件系统

（一）微处理器

微处理器也被称为"CPU"，它是由大规模和超大规模集成电路组成的模块，是微机硬件中的核心部件，具有运算能力和控制能力。其处理数据速度的快慢直接影响着整台电脑性能的发挥，所以人们把它形象地比喻为电脑的心脏。

（二）存储器

存储器这是微型计算机系统中的记忆设备，它用来存储各种信息，如计算机要执行的程序和数据处理的结果。根据存储器在计算机系统中所起的作用，可分为主存储器、辅助存储器、高速缓冲存储器、控制存储器等。为了解决要求存储器容量大、速度快、成本低三者之间的矛盾，目前通常采用多级存储器体系结构，即使用高速缓冲存储器、主存储器和外存储器。

（三）系统总线

总线是 CPU 与其他部件之间传送数据、地址和控制信号的公用通道。从物理上讲，总线是计算机硬件系统中各部分互相连接的方式，具体体现为扩展槽；从逻辑上讲，总线是一种通信标准，是关于能在计算机中工作的协议。

（四）输入 / 输出接口电路

所谓接口电路是指 CPU 和存储器、外部设备或者两种外部设备之间，或者两种机器之间通过系统总线进行连接的逻辑部件。它是 CPU 与外界进行信息交换的中转站，以实现数据缓冲、信号转换、对外设备的控制和检测、设备选择、可编程等功能。

（五）输入 / 输出设备

输入 / 输出设备（I/O 设备）简称"外设"，为微型计算机提供具体的输入 / 输出手段。标准的 I/O 设备指键盘和显示器。除此之外，常用的输入 / 输出设备有鼠标、扫描仪、数码相机、数字化仪、光笔、话筒、打印机、绘图仪、音像等。

二、其他硬件平台

（一）条形码阅读器

条形码阅读器简称"条码阅读器"，是用于读取条码所包含的信息的设备，条码阅读器的结构通常为以下几部分：光源、接收装置、光电转换部件、译码电路、计算机接口。它们的基本工作原理为：由光源发出的光线经过光学系统照射到条码符号上面，被反射回来的光经过光学系统成像在光电转换器上，使之产生电信号，信号经过电路放大后产生模拟电压，它与照射到条码符号上被反射回来的光成正比，再经过滤波、整形，形成与模拟信号对应的方波信号，经译码器解释为计算机可以直接接受的数字信号。

（二）图书监测仪

图书监测仪又被称为"图书防盗系统"，由监测仪、监测通道和藏匿于书中的传感磁条组成。图书监测仪一般可分为高频监测仪和低频检测仪两种，还有一种集高、低频监测仪于一体的智能监测仪，该仪器以微处理器为核心进行工作，具有小型化、智能化和网络化的特征。

（三）磁盘存储器

磁盘技术发展很快，磁盘存储器是目前计算机系统中应用最普遍的辅助存储器。它的种类很多，按盘片的材料可分为硬盘、软盘、优盘，按盘片结构可分为可卸式和固定式磁盘，按磁头可分为固定头磁盘和活动头磁盘两类。

（四）光盘存储器

光盘是一种海量存储载体，其图形、声音的信息存储量极大，这是一般磁盘所不能承受的存储要求。光盘的产生，使人类可以很快实现把图书馆与信息中心等随身携带的梦想，从而大大减少了长距离联机检索的要求。目前主要有两种盘体结构：一种是接触型密封盘体结构，在存储介质表面直接覆盖一层透明聚合物；另一种是空气夹层型盘体结构，它将光盘基片和保护层功能合二为一，通过隔离垫环将两张基片厚度为1mm的光盘盘片相向黏结，中间形成一个洁净的空腔，有效地保护了存储介质。

第二节　软件平台

一、软件分类

一般来讲，软件可划分为系统软件、应用软件和手机软件。

（一）系统软件

系统软件为计算机提供最基本的功能，可分为操作系统和支撑软件，其中操作系统是最基本的软件。系统软件负责管理计算机系统中各种独立的硬件，使得它们可以协调工作。系统软件使得计算机使用者和其他软件将计算机当作一个整体，而不需要顾及底层每个硬件是如何工作的。

（二）应用软件

不同的应用软件根据用户和所服务的领域提供不同的功能。应用软件是为了某种特定的用途而被开发的软件。它可以是一个特定的程序，比如一个图像浏览器，也可以是一组功能联系紧密、可以互相协作的程序的集合，比如微软的 Office 软件，也可以是一个由众多独立程序组成的庞大的软件系统，比如数据库管理系统。

（三）手机软件

顾名思义，手机软件就是可以安装在手机上的软件，可以完善原始系统的不足。随着科技的发展，现在手机的功能也越来越多，越来越强大，不像过去那么简单死板，其功能可以和掌上电脑相媲美。手机软件与电脑一样，下载软件时要考虑手机所安装的系统，据此来决定要下载的软件。

二、软件授权方式

不同的软件一般都有对应的软件授权，软件的用户必须在获得所使用软件的许可证的情况下才能够合法地使用软件。从另一方面来讲，特定软件的许可条款也不能与法律相抵触。依据许可方式的不同，大致可将软件区分为以下几类。

（1）专属软件：此类授权通常不允许用户随意地复制、研究、修改、散布该软件。违反此类授权通常会有严重的法律责任。传统的商业软件公司会采用此类授权，如微软的 Windows 和办公软件。专属软件的源码通常被公司视为私有财产而予以严密的保护。

（2）自由软件：此类授权正好与专属软件相反，赋予用户复制、研究、修改和散布该软件的权利，并提供源码供用户自由使用，仅给予些许的其他限制，如 Linux、Firefox 等软件。

（3）共享软件：通常可免费地取得并使用其试用版，但在功能或使用期限上受到限制。开发者会鼓励用户付费以取得功能完整的商业版本。

（4）免费软件：可免费取得和转载，但并不提供源码，也无法修改。

（5）公共软件：原作者已放弃权利，著作权过期或作者已经不可考究的软件，使用上无任何限制。

三、软件著作权归属

计算机软件著作权属于软件开发者。因此，确定计算机著作权归属的一般原则是谁开发谁享有著作权。软件开发者指实际组织进行开发工作，提供工作条件完成软件开发，并对软件承担责任的法人或者非法人单位，以及依靠自己具有的条件完成软件开发，并对软件承担责任的公民。

我国法律除规定了上述一般原则外，还有软件著作权归属的几种特殊情况：合作开发、委托开发、指令开发、职务开发、非职务开发等。

软件对于数字化图书馆信息化的建设也是很重要的，我们可以运用软件的技术来存储图书信息，软件具有灵活性、方便性、可安装性，而且现代化的软件流通和传递也比较方便。所以说，软件这个平台也是数字化图书馆建设所不可或缺的一部分。通过软件平台、硬件平台的相互作用，促进数字化图书馆信息化的建设。

第三节　网络平台

一、网络平台架构

由于图书馆网络比较复杂，有多种不同的应用和需求，为了网络的安全，我们从应用性质上把它划分为四个子网：①公共子网，它可以分布在图书馆建筑的各个楼层，主要供读者使用移动计算机设备连通网络；②业务子网，它是图书馆的核心网络，构筑了图书馆业务管理系统网络；③专用子网，如图书馆门禁系统子网、存包柜子网、校园卡子网；④电子阅览室子网。为了便于对电子阅览室的大批量计算机进行网络管理，应该将电子阅览室单独划分为一个子网。除了上述四个子网外，子网与子网之间可用物理方式进行分隔，对一些较小的子网可以通过虚拟局域网（VLAN）技术对它们进行虚拟分隔。下面展开具体介绍。

（一）公共子网

为方便读者使用自备移动计算机设备在馆内使用图书馆网络数字资源，图书馆应在阅览室、大厅开通信息点（或无线网络）供读者使用。它仅允许连接图书馆的数据服务器，而不连接至互联网，形成一个单独的局域网，进一步向读者开放图书馆的数字资源。

（二）业务子网

图书馆的各个业务部门使用业务子网，主要用于图书馆的集成管理系统运行。为了保证业务子网的安全，建议将其和其他子网进行物理隔离，避免不安全因素入侵公共子网而导致图书馆各项业务的瘫痪。为了防止网络广播风暴造成的网络瘫痪，不同的业务部门应划分 VLAN，进行隔离。

（三）专用子网

为了通过网络完成一些特定的服务功能和保证网络上运行数据的绝对安全，要求建立一些封闭型的局域网，如门禁系统，它通过业务管理系统来读取读者数据，应该和图书馆业务系统网络联在一起。如果是使用校园卡系统的读者数据，则应建立一个和校园卡系统连接的专用网络，拒绝其他计算机设备联入该网络。该类子网还包括多个图书馆或校区间的 VPN 网络连接、存包柜专用网等。专用子网不允许上网并与其他网络隔离。

（四）电子阅览室子网

电子阅览室计算机设备相对集中，当设备数量较多时，可以先考虑使用双绞线将计算机设备连接到接入层交换机，然后通过电口，上连到汇聚层交换机，最后通过光纤连接至核心层交换机上，这样整个网络架构非常清晰，便于维护和管理。该子网单独分配一段地址，通过核心层交换机直接和中心机房或校园计算机网相连，在电子阅览室形成一个相对独立的局域网，可以通过网管软件进行直接管理。

（五）多分馆间连接网

公共馆的总馆与分馆之间和高校多校区图书馆之间的业务处理都使用同一套业务管理系统并共享总馆的数字资源。在地理位置上它们处在不同的地域，但为了方便读者，应该通过网络把它们连接起来，成为逻辑上的图书馆。为此，需要构建连接多馆的网络系统，两馆之间可以通过租用网络服务供应商的网络设备和光纤，使用 VPN 技术建立一个广域网络。

由于图书馆的数据服务器是为读者提供数据检索服务的，因此需要放在公共子网上才能为大家使用，但为了不让黑客透过数据服务器攻击图书馆的业务服务器，一般建议加设防火墙设备，对图书馆的核心业务网络进行保护。

图书馆网络的总体设计思路是：内外分离，业务子网重点保护，用防火墙隔离但允许上网（NAT）；专用子网（一卡通网络、网管子网）不允许上网并与其他网隔离。

二、设备配置

（一）传输介质

传输介质是网络中信息传输的媒体，传输介质的性能对网络传输速率、通信距离、可连接的网络节点数目和数据传输的可靠性等均有很大的影响。因此图书馆在建设自己的网络系统的时候，要合理地选择传输介质。传输介质有双绞线、同轴电缆、光纤、无线电波、微波、红外线和激光等。

双绞线由两根具有绝缘保护的铜导线组成，并按一定的密度呈螺旋状扭结在一起，这样可以有效地降低信号的相互干扰，保证信号传输的正确率。双绞线是人们常用的一种网络传输介质，用来对各类网络设备进行物理连接，以便它们组成真正的有线计算机网，网络上的所有信息都需要在这样一个信道中传输。如果双绞线的质量不好，会影响传输率，甚至成为整个网络传输速度的一个瓶颈。双绞线一般分为屏蔽与非屏蔽两类，前者在电磁屏蔽性能方面比非屏蔽的要好一些，但价格也高些，在局域网中常用的是 UTP。

同轴电缆以单根铜导线为内芯，裹一层绝缘材料，外覆密集网络导体，最外面是一层保护性材料。金属屏蔽层能将磁场反射回中心导体，同时也使中心导体免受外界干扰，所以同轴电缆比双绞线具有更高的带宽和更好的噪声抑制特性，增加了传输的距离。

光纤是光导纤维的简称，是一种能够传递光信号的极细的传输介质，由玻璃或塑料等物质材料做成，随着网络的发展而得到了广泛的应用，目前它主要用于光纤分布式数据接口（FDDI）网、吉比特以太网。光纤由光芯、覆层和保护层三个部分组成。光纤的中心是光传播的玻璃芯，芯外面包裹一层折射率比芯低的玻璃封套，使射入纤芯的光信号经包层界面反射，在纤芯中传播。采用光纤传输信号，在发射端首先要转换成光信号，然后在接收端还原成电信号。与同轴电缆相比，光纤可提供很宽的频带且功率损耗小、传输距离长、传输率高、抗干扰性强。光纤传输采用分光复用技术，可以在一条光纤上复用。光纤主要分两种类型，即单模光纤和多模光纤；单模光纤采用激光二极管作为光源，传送激光，它仅仅允许一束光通过光纤。而多模光纤采用发光二极管 LED 作为光源，传送可见光，可以允许多路光束。

无线传输介质指在两个通信设备之间不使用任何物理的通信线路，而是通过空气完成信号的传输。无线传输介质有三种方式：①地面微波，微波是直线传播的，因此这种传输要求信息的发送方和接收方之间有一条视线通路，当网络两点之间直线距离内无障碍时，可在一定的范围内使用微波进行传播，当传输距离较大时，可以通过微波中继站的串联使用完成远距离通信；②卫星微波，通信卫星就是一个微波中转站，卫星从各频率接收地面传输来的信号并将其放大或再生后，再从另一个频率发送到地面站；③红外线传输，红外线仅适用于很小的区域，并且要求发送器直接指向接收端。

（二）交换机

交换机是一种在网络系统中完成信息交换功能的设备，是网络中不可或缺的基本设备。它按照网络两端传输信息的需要，用人工或设备自动完成的方法把要传输的信息送到符合要求的相应路由上。

它是集线器的升级换代产品，集线器的共享介质传输、单工数据操作和广播数据发送方式等很难满足用户对速度、安全的要求。而交换机则完全克服了集线器的上述种种不足，得到业界广泛的认可和应用。近年来交换机技术得到了飞速发展，千兆（G位）级的交换机在骨干网络中早已得到广泛应用。万兆（10G位）级的交换机技术也在快速发展，已经到达了实用阶段。

实际工作中应区别应用交换机，如电子阅览室由于计算机数量多、使用人数多、使用频率高，计算机系统容易被读者破坏，软件环境根据读者的需求经常需要变化，重装操作系统是电子阅览室的经常性工作。为了便于管理，一般在每台计算机上安装还原卡，以保证计算机的操作系统尽量不被破坏。考虑到电子阅览室的特殊需要，应配置不带抑制网络广播功能或带有抑制网络广播功能开关的交换机。这样可以利用网络广播功能，通过还原卡快速地重装系统。

（三）路由器

路由器是根据网络层的信息，采用某种路由的算法，为在网络上传送各种信息提供若干条路径，让它们选择一条到达目的地的路。使用路由器可以实现相同或不同类型的网络的互联。路由器适合于具有若干个同时活动的回路或具有冗余通路的大型网络，通常是在一个地区内互联属于不同企业或部门的局域网，或者把局域网与公共网络的互联。

一般使用动态路由器，它可以动态选择协议并经常和其他路由设备交换路由信息，及时更新路由信息，了解新的目的地和现有网络拓扑结构的动态变化，不断更新自己的路由信息表，根据网络的拥挤程度自动地选择替代路径。

三、网络设备选型

因为图书馆的网络结构较为复杂，所以在设计网络方案时，应将网络合理地分为核心层、汇聚层、接入层等。

（一）核心层交换机

馆内宜架设一台具有三层交换功能的千兆（或万兆）模块化交换机，它与学校网络中心的核心交换机互为冗余，两个核心交换机之间用两条单模光纤连接，通过对两条千兆光纤链路的捆绑实现千兆带宽。图书馆的网络设备应当具有很好的可管理性，图书馆的服务和应用较复杂，如果这么多的应用和服务同在一个子网内，那么广播数据一定会干扰正常的数据传输，造成网络的阻塞和丢包。因此，在图书馆的网络机房中必须有多层功能的核心交换机，以满足路由和划分 VLAN 等需求。

（二）汇聚层交换机

汇聚层交换机宜设在各楼层的弱电间。汇聚层交换机应支持全面的网络管理、VLAN、端口镜像等功能。汇聚层可采用中档的三层交换机，汇聚层交换机通过光纤链路与核心交换机相连，可通过光纤或双绞接到接入层交换机，并通过其三层交换功能实现与接入层虚网之间的交换。

（三）接入层交换机

接入层交换机采用两层 10/100M 自适应以太网交换机，对于计算机终端较多的区域，可直接通过用多台交换机进行堆叠的方式来满足大量终端接入的需求。堆叠后的交换机可通过光纤连接到核心交换机，并利用虚网中继协议以及 VLAN 的生成树技术实现在冗余线路上的负载均衡和上行线路发生故障时的快速恢复。

第四节　体系结构及标准化

一、图书馆信息化建设平台的体系结构

数字图书馆不是 Web，但是数字图书馆根植于 Web，起码现在看起来如此。Web 通过 URI（统一资源标识符）定位服务器地址，通过超文本传输协议 http 将 htm 文件连接成一张大网，通过通用互联网邮件扩充（MIME）协议把各类文件交给客户端自行处理，通过 CCI、SQ 提供结构化数据的发布，通过 ASP、JSP 等实现动态管理和更多功能。然而，人们希望 Web 是大型连锁超市而不是杂货铺。人们希望 Web 这张大网直接连接数字资源而无须通过服务器地址，于是引入统一资源名 URN 系统；人们希望 htm 文件能蕴含更多的结构和关系而不仅仅是显示和链接，于是引入了 XM；人们希望电脑能够读懂 XM 中的特定内容，在人们得到信息之前，机器之间已经进行了成千上万次交互，经过选择、匹配、汇总、过滤，把人们真正想要的东西，按照人们想要的形式呈现出来，于是引入了 RDF（一种资源描述语法）以及 WO（一种知识本体的定义语言）。

数字图书馆是一个交叉研究领域，目的是解决分布式环境下的数字资源对象的组织、访问和服务问题。为此必须在微观上定义数字对象的组织结构，在宏观上解决信息仓储的组织问题，同时允许这种结构与资源的语义内容分离，支持独立或分层的索引馆藏、名称、仓储、网关、用户界面等服务。

现实的网络世界中数字资源以各种各样的形式存在，数字图书馆必须首先确立基本组成单位的逻辑结构，把万千变化的数字资源包裹成数字仓储中具有特定结构的数字对象，才能为数字图书馆所管理和利用。数字图书馆的每一项功能，在数字对象的结构中都隐藏有特定的"基因"，不可能存在例外。由于目前的现实系统复杂多样，造成数字图书馆宏观结构的复杂多样。一个灵活、清晰的数据模型和系统结构决定了数字图书馆的普适性、可扩展性、可互操作性和运行效率。

从宏观上看，数字图书馆类似于建筑在各类系统之上的、由众多高层协议中间件构成的服务系统。网关负责向用户提供查询界面，处理用户的提问，然后将用户的提问进行语义规范和语法转换，选择合适的馆藏服务，并对返回的命中根据相关性、资源类型、数据格式等进行过滤排序或做其他显示处理，整个服务过程无不依赖元数据。馆藏服务提供虚拟馆藏揭示和浏览，可动态提供数字图书馆的用户视图，集中体现了数字图书馆的信息整合与服务整合功能。虚拟馆藏一般是基于知识内容进行组织的，离不开对资源内容进行描述的元数据方案以及建立在这种方案之上、定义规范语义之间相互联系的知识本体。索引服务直接对元数据进行索引，有时高层索引服务可以很简单，可以作为实现库存取协议 RAP 的一部分，与句柄服务同时提供，支持动态映射和分布式访问，将复杂和特殊的元数据索引传递给各资源库或自治站点自行解决。理想的资源库服务很简单，提供满足数字图书馆微观结构的数字对象包的逻辑存储，可以由 RAP 进行调用。然而现实世界中这一块最复杂，其物理实现暂且不说，如何将目前互联网上的异构的、复杂多样的资源以一种灵活的、可扩展的形式打包成数字图书馆的资源库，是一件颇费思量的事情，这其中的核心问题就是互操作问题，而互操作问题在很大程度上必须通过适当的元数据方案来解决，目前有许多实验系统专注于解决这个现实问题，这个问题不解决，数字图书馆很可能成为空中楼阁，或互联网上的另一类孤立系统。

随着 XM、RDF 等新技术的成熟和普及，人们对技术发展趋势的把握比数字图书馆刚刚提出时要准确得多，对需要解决的问题和解决问题的方法也有更清晰的认识，这种认识往往更简单一些。简单性的重要程度对于数字图书馆来说常常不亚于开放性。

二、图书馆信息化建设平台标准与规范

图书馆各项工作的标准化是实现图书馆科学管理的重要前提。图书馆界一直比较重视标准化工作，尤其是随着数字化的发展，标准规范成为保证数字图书馆的资源和服务在整个数字信息环境中可利用、可互操作和可持续发展的基

础，信息化标准的建设与应用为数字图书馆的建设提供了重要的保障，具体包括以下几个方面。

（一）图书馆标准规定

藏书量含电子图书，电子图书不应超过藏书量的20%，还应有一定量的音像资料和本校特色的数字资源。

图书馆应注重收藏具有馆藏价值的、一级出版社出版的图书，其比例不低于藏书总量的50%。并要做到品种丰富，复本适量。

各类藏书结构比例应根据服务对象的需要，积极构建科学有效的馆藏体系，并适应读者心理特点，思想性、科学性、趣味性、启迪性强。

电子阅览室应安装空调，温度适宜。应具有良好的防雷设施，远离强电磁场和强腐蚀性的物体。

（二）配套设施

图书馆应配备能满足全部书刊放置的书架、报刊架、书柜，书架和报刊架的高度应方便读者使用；应配备足够的书立，还应有借阅台和足够数量的阅览桌椅，借阅台和阅览桌椅高度适中。

应配有办公设备、装订设备。

应配有防水、防潮、防虫、防尘、防晒、防盗、消毒设施。

室内应采光通风良好，光照度不足应增加人工辅助照明，自然通风不够应采用机械方式排风。

（三）图书馆信息化服务标准

图书馆服务是图书馆运用图书馆资源满足读者对文献信息需求的行为和过程。图书馆是各个要素组成的一个系统，也是社会系统的一部分，与社会的其他系统又发生千丝万缕的联系，因而是错综复杂的。加上图书馆所提供的服务部分是无形的，是一种过程、一种体验，用某些标准对图书馆的服务做出真正准确的评价是困难的。但为了各种目的，如评定图书馆的等级、评定图书馆工作的优劣，了解读者对图书馆的评价等，又不得不定出一些标准对不同类型的图书馆进行比较。

以前人们将办馆条件作为评估图书馆服务标准的重点，自20世纪70年代以来，评价的重点有所转移，从重视图书馆本身的条件向读者的满意程度转变。这是因为，70年代中期以来，西方学者对以顾客满意程度作为评价服务质量的标准进行了大量研究，提出一些理论模型。最有代表性的是美国学者理查德·奥立佛（Richard Oliver）提出的"期望—实绩模型"，引起了图书馆界的注意，并在实践中加以应用。根据"期望—实绩模型"理论，读者都带着一定的期望来到图书馆，接受图书馆服务后，会根据自己的期望，评估服务的绩效。如果绩效低于期望，读者就会不满意；如果符合期望，就会满意；如果超过期望，就会很满意。根据"需要满足程度模型"理论，图书馆服务越能满足读者需要，读者就越满意；否则，就不满意。总之都是以满足读者需求为目标。

长期以来，我国图书馆界比较重视文献的收集、加工和贮存，对图书馆服务的研究比较薄弱。20世纪90年代以来，各系统的行政主管部门分别制定了评估标准，对各类型的图书馆进行评估，对图书馆事业的发展起到了推动作用。评估标准的重点是办馆条件，服务的内容有所涉及，但并没有把满足读者需求作为评估的重点，在评估的过程中把读者基本排除在外。庄子逸在80年代曾撰文指出：图书馆作为一个服务系统，如果没有读者的评价，都是一种片面的评价。读者对图书馆满意与否的评价，对于评定图书馆服务质量的优劣具有很重要的价值，其他评价难以取代。

用是否满足读者的需求，即读者是否满意作为检验图书馆服务的重要标准，无疑是正确的，这是图书馆的性质和职能所决定的。图书馆的性质是一种解决人们知识需求的社会事业，图书馆的主要职能不是创造知识，也不是利用知识，其根本任务是把知识与社会的需求联系起来，起到知识交流的中介作用，成为社会知识生产和社会知识利用的桥梁。把知识与社会需求结合起来，是图书馆学基本的哲学思想，"为书找人，为人找书"是图书馆职能最简明的表述。当然这里所讲的书，包括各种载体的文献，也包括网上资源，找的方法也多种多样。现在衡量一个图书馆的作用时主要关注其对信息资源的开发与利用，而不注重馆藏的数量和馆舍的规模。只有用良好的服务才能形成社会对图书馆的依赖，从社会的依赖引起社会的重视，从社会的重视促进图书馆事业的发展。图书馆信息化服务标准主要包括以下几个方面。

1. 读者满意度

读者的评价是检验图书馆服务水平的重要标准，其内容如下。

（1）环境：图书馆环境清洁、安静、整齐、舒适。

（2）人员：图书馆工作人员热情、认真、主动，有专业能力。

（3）设备：图书馆设施先进、齐全，能满足功能需要。

（4）文献：图书馆文献资源符合该馆的性质与目标，数量多、质量好、有特色。

可分为很满意、满意、一般、不满意、很不满意五个等级，可以发放读者调查表让读者对图书馆的服务做出评价。

2. 吸引读者率

此处所说的读者，既包括来到图书馆的读者，也包括利用本馆网上资源的读者。吸引读者率是指在一定时期内，图书馆实际服务的人数除以应该服务的人数的比率。可根据图书馆不同的性质和规模、历史和现实条件，分为优秀、合格、不合格三个等级，评定图书馆吸引读者的状况。

3. 文献利用率

一般情况下，每种图书流通的次数越多，其使用价值就越高。这里所说的"书"，不仅指纸质文献，也包括电子文献，还包括网上资源。文献使用率，是在一定时间内读者实际使用的文献数除以馆藏文献总数的比率。应根据图书馆不同性质和规模以及历史和现实条件，确定优秀、合格、不合格的等级。为了提升文献利用率，图书馆应做好以下几点。

（1）提高主动性。图书馆不仅被动地满足到馆读者借阅需要，还要主动地"为人找书，为书找人"，增加图书的使用率。图书馆要做好宣传工作，做好参考咨询工作，对读者提出的问题做出满意的答复，并根据每个服务项目的性质和难易程度给予不同的评估级数。

（2）提升速度，即节约读者时间。图书馆不仅向读者提供所需要的文献，还要使读者尽可能快地得到，这就要求提高工作效率。应根据不同类型和规模以及服务项目的难易程度，确定一定的期限和评估标准。

4. 主观努力度

由于各种因素，各图书馆所处的环境和具备的条件是不相同的。在对一个馆的服务进行综合评价时，应计算读者满意度、吸引读者率、文献利用率、主观努力度四个因素的综合值，但这四个因素不是等值的，应有一定的比重权数。一般情况下，读者满意度、吸引读者率、文献使用率、主观努力度之间的比重权数可为 5：2：2：1。因图书馆的层次、规模、条件等不同，比重权数也可调整，如 6：1：2：1 或 7：1：1：1。

在进行图书馆服务评价时，应注意以下几点。

（1）职责。制定服务评估标准的目的是进行评估，但评估只是手段，不是目的，根本目的在于提高服务水平和质量，更好地满足读者的需求。评估的过程实质上是一个实行服务质量管理、提高服务质量的过程。在这一过程中，处于不同位置的部门和人员有着不同的职责。

（2）行政主管部门。图书馆的行政主管部门是图书馆服务质量管理的领导者和监督者。它的职责是制定标准、监督执行标准和组织评估。作为行政主管部门，应根据本系统图书馆的方针任务，组织有关人员制定本系统不同层次图书馆服务标准，了解并监督下属图书馆执行标准，采取一定的方式和步骤进行评估。要给下属图书馆创造一个执行标准的良好环境，并给予必要的条件保证。

（3）图书馆管理者。图书馆馆长是执行标准的主要责任人，其职责是内求团结、外求支持，保证目标的实现。他要与其他管理人员一道，认真学习和把握标准的精神与要求，分析本馆的状况，了解读者的需求，在全体员工进行讨论的基础上，确定全馆目标和任务，然后层层分解，落实执行。在执行过程中充分发挥图书馆员的积极性，并根据需要进行员工培训。应及时了解执行情况，如有需要进行必要调整，为了保证目标的实现，还要积极寻求外部有关部门和人员的支持与合作。

（4）图书馆员。图书馆员是服务的主体，是提高服务质量的实践者。其职责是树立服务质量意识，愿意并有能力按照标准为读者提供服务。特别是直接接触读者的第一线工作人员，要有代表图书馆的形象的意识，积极主动与读者交流，让读者得到方便、准确、高效的服务。其他人员也要树立质量意识，一些问题虽然在第一线暴露出来，但实际上是内部造成的。如果资源短缺、目录混乱，一线人员再多的微笑也解决不了问题。只有全馆共同努力，才能保证目标实现。

（5）读者。读者是服务质量的最终裁判，他们的职责是对图书馆的服务质量进行客观公正的评价。

（6）评估。在开展图书馆服务质量评估时，行政主管部门首先要制定标准，标准应既有激励作用，又符合实际情况，可操作性强；其次是组织评估小组，图书馆要做好准备，提供真实情况，不是为了评估而评估，而是把评估当成提高服务质量的过程。在评估过程中，要采取各种形式充分听取读者意见，以读者评价为主。也要听取专家和图书馆领导和群众的意见，进行定性和定量分析，做出客观公正的评价，并公开评价结果。

（四）管理要求

图书馆要有近期和长远发展规划，有检查、有评价、有总结，应根据管理需要设置合理的职称岗位。

建立健全的校图书馆各项管理制度，如管理人员岗位职责、书刊的外借制度、阅览规则、图书损失、污损赔偿制度、音像资料使用规则、电子阅览室管理规定、图书馆设备管理制度等。

应有总括登记、个别登记、注销登记账册，对每批新书及时验收登记和编目，新书到库及时验收、登录分编、上架流通。

图书馆数据的标准化和规范化是实现数字图书馆资源共享的前提和根本保障，为了实现数字图书馆中的分布式数据库跨库检索，必须采用一种新的、通用的标准格式来标引文献资源，实现文献编码、目录和文献内容的一体化处理，实现数字图书馆资源的共享。

三、图书馆信息化建设平台标准化的意义

数字图书馆标准规范建设是国家数字图书馆建设的基础，只有建立起科学合理的数字图书馆标准规范体系，并直接指导数字资源建设与服务、应用系统建设，才能切实保证国家数字图书馆建设的开放性与可持续发展，保证国家数字图书馆与其他数字图书馆系统的互连互通与数据共享。

在公共图书馆的图书收藏及文献资源的数字化进程中，各公共图书馆引进或自建的资源数据库除少数利用率较高外，大部分利用率并不高，有的甚至闲置不用，从而导致数字资源出现冗余的现象。造成这种状况的原因是多方面的，究其根本原因是数字资源管理的标准化体系建设有待完善。

数字资源管理的特殊性要求在数字资源的组织方面实现分类体系的统一，以便于不同类型数字资源之间进行畅通的数据交换。在实施信息资源数字化和网络化建设过程中采取一致性规范的输入和输出标准，以实现不同图书馆之间的数字资源的互联与交流。实现数字资源管理的标准化是提高公共图书馆数字资源利用率和实现共享的前提条件，建设数字资源管理的标准化体系，对规范标准化管理公共图书馆数字资源极为重要。

标准作为执行的具体依据，必须具有科学性，符合事物发展的客观规律。在信息技术飞速发展的时代，与图书馆数字资源建设相关的技术日新月异，更新换代速度比传统纸质资料时代明显加快，数字资源管理标准化工作，尤其需要吸纳先进的科学理念，运用先进的技术，以适应信息化发展的要求。

没有权威性的标准，往往不存在普遍性。在接受和实行过程中，难以得到认同。在制定标准的过程中，要坚持高起点和高要求，对标准的每个步骤进行反复的实践分析研究，以达到最佳效果。

标准化本身就蕴含着统一性。统一性的存在，充分发挥了数字资源架构过程中各项数字资源的平衡，提高了整个系统的整体功能。统一的标准就是普遍

意义，当然，统一性并非一成不变，而是随着图书馆事业的发展、信息技术的发展、全社会科学文化水平的提高而同步不断提高。因此，要坚持与时俱进、开拓创新，在先进性的基础上，达到符合客观发展的新的统一标准。

针对不同类型的数字资源建立了各自统一的标准后，要实现资源与资源之间的互联，就必须坚持协调互联原则。任何一个孤立存在，无法与其他标准协调共存的标准都是没有生命力的。只有制定出与其他有关的标准协调一致的标准，才是符合应用需求的高水平的有生命力的标准。不仅资源与资源之间要实现良好的协调，而且从大方向上而言，系统与系统之间、馆内部门与部门之间、馆与馆之间都需达成协调。只有这样，才能真正实现信息交流和资源共享，最终实现图书馆传承文明和弘扬文化的职能。

随着技术的发展，图书馆数字资源管理标准化体系要符合标准化体系的统一原理及最优化原理的客观需求，就要相应地进行调整和变化。在调整和变化的过程中，必须注重标准的稳定性和可持续性。新标准取代旧标准，不是一刀切的彻底否定，而是一个承上启下、扬长避短的过程。在标准改良的过程中，一方面要坚持从实际出发，开拓创新，另一方面，要保留和吸收原标准的优良成分和有效内容，注意前后的持续性。

标准化能实现资源的最佳利用，节约成本。通过标准化已有的数据库，与网上其他标准数据库实现共建共享，即可达到优化利用资源、节约成本的目的。

标准化保证了知识的适用性、流通性。目前，限制网上信息利用和数字图书馆发展的关键问题是标准问题，制定统一的与国际接轨的内容标准、格式标准、导航服务标准、资源共享标准等迫在眉睫。只有标准化，才能保证知识的适用性和流通性。标准化提高了服务质量，提高了工作效率。

第五节　图书馆跨平台信息检索系统

一、跨平台信息检索概述

由于数据库数量的增速很快，在不同数据库中进行检索常常让读者无所适从，读者既要掌握每个数据库的检索方法，又担心某一个数据库没有检索会导致课题文献调研不严密，读者希望在一个平台上对所有相关的数据库都能进行文献调研，因此，早期开发者们提出了一个跨平台检索的概念，也叫"跨库检索"。

（一）跨平台的概念

跨平台是软件开发中一个重要的概念，指编程语言、软件或硬件设备可以在多种操作系统或不同硬件架构的计算机上运作。泛指可在不同硬件环境下，或是在多操作系统上运行编程语言、软硬件的功能。在软件开发过程中，软件跨平台强调了软件不依赖于操作系统与硬件环境的运行能力，如基于Java、Delphi开发的软件均具有跨平台功能，它们在某一操作系统下开发完成后，亦可以在别的操作系统下正常运行。

（二）跨数据库检索平台

跨数据库统一检索平台正是基于这一思想建立的统一检索平台，其目的是构建一个可适用于若干不同数据库的检索策略，并在每个数据库中分别进行检索或进行自动检索，免去了读者在每个单一的数据库中分别检索的冗长的过程。跨库检索是一个以多个分布式异构数据源为检索对象的数据检索系统，也叫"集成检索"或"联邦检索"。跨库检索需要解决的三个关键性问题分别是检索策略的通用性、数据源的可获取性和跨语言检索。

1. 检索策略的通用性

检索策略的通用性属于技术性的问题，依赖于检索人对检索策略的编制和对平台的了解，但检索策略在跨库平台上的制定原则以简单、实用为主，难以形成严格意义上的逻辑运算和数据筛选机制，以关键词检索为主要方式。

2. 数据源的可获取性

数据源的可获取性是比较复杂的问题，因为跨库检索的数据库中数据是异构型数据，数据特征各不相同，定义的字段也千差万别，想要做到在不同的数据库中提取相同特征的数据字段，需要把每个数据库的字段都进行列举，这样才能对数据进行标引定义，达到被获取的目的。因此，跨数据库统一检索平台不可能整合所有数据库的数据类型，只能针对某一个机构的数据库进行有针对性的数据整合，达到使用的目的。但这样一种方式已经可以基本解决读者使用多个数据库耗时费力的问题，只是不能够达到完美解决的程度。

3. 跨语言检索

这是用一种提问语言检索出用另一种语言书写的信息，也就是一种跨越语言界限进行检索的问题，其应用的技术有信息检索和机器翻译等，如分词技术、词汇翻译、词频技术、索引技术等。跨语言检索的实现方法有提问式翻译、文献翻译、提问式—文献翻译、中间翻译和非翻译。

提问式翻译是对检索式进行翻译后与目标语言进行匹配，这就要求提问式的检索式要尽可能被机器所识别，是人对机器的适应，要求检索式的构造方式基于同源词、复合词、n 元匹配等，因此难度较高。

文献翻译则是把数据库中各语言的文献翻译成与提问描述相一致的源语言形式，达到源文件与检索式语言的匹配。这种翻译方式由于工作量巨大，翻译文献的层次无法达到完美揭示源文献的水平，在实际应用中会对检索者产生一定误导，导致检索者无法获取源文献真正的内容。

提问式—文献翻译方式是将检索式语言进行翻译，与源文献的目标语言进行匹配，再把所得结果集的全部或部分翻译为检索式语言，一般是对结果集内文本的前面段落、文摘、重要的关键词等进行摘取，这样返回的结果是检索者熟悉的语言，降低了使用难度。

中间翻译方法是将两种不能互译的语言通过第三种或第四种语言进行转换，在转换中选择最佳词汇进行翻译，用此种方法破除两种语言间的障碍，达到语义上的匹配。

非翻译方法是潜在语义标引法，即将英语词汇、法语词汇、英法双语文件映射到一个向量空间中，在语义上进行匹配，无须翻译转换。有其他学者在希腊文—英文、西班牙文—英文等不同语言配对上进行了实验，验证了这种方法具有一定的有效性。

二、图书馆跨平台信息检索系统构建的必要性

数字图书馆的建设和研究在国内取得了很大的发展，包括公共图书馆、高校图书馆以及各类情报机构在内的很多单位，相继开展了不同规模的数字图书馆建设。数字图书馆是将图书资料数字化并加以存储，通过网络为用户提供先进的、电子化的服务。它是不依赖于具体图书馆物理实体的虚拟信息空间。用户在网上就可以查询和阅读图书资料，不受时间和空间的限制，数字图书馆为用户提供了形式多样、方便、快捷的服务。

然而由于数字资源建设的不同步以及采用技术的不同，各种图书数据库都有自己的数据结构、组织方式、查询方式以及显示界面。经过查询，图书馆的数据库主要包括书目数据库、题录/文摘数据库、全文数据库、电子期刊和电子图书、相关的 Wed 网站等。这些数据库分布在不同的服务器，由不同的信息服务公司和出版社提供，或由图书馆自建，成为各具不同特性的异构数据库，其异构特征表现为以下几个方面。

（1）数据模型的异构，分为层次、网状、关系和面向对象四种。

（2）数据结构不同，如 ORACLE 与 Sybase 数据库物理模型异构，数据结构不同，而有些数据还是半结构或非结构的。

（3）系统控制方式不同，有集中式与分布式。

（4）计算机平台的异构，从巨、大、中、小型机到工作站、PC。

（5）通信协议的不同，有 Z39.50、HTTP 及非标准等。

（6）通信结构模式的不同，有主从结构、客户机 / 服务器模式浏览器 / 服务器模式。

（7）操作系统的异构，有 UNX、NT、OS/2、Apache、Sun Solaris、Linux 等。

（8）网络的异构，有 LAN、WAN 以太总线结构与令牌环结构等。

对用户而言，要在分散的数据库资源中查到所需学科的各种资料，就必须知道哪些数据库资源涵盖了自己的学科，熟悉使用各种客户端软件、查询界面和检索策略。例如，同是电子图书，超星、书生之家和 Apabi 都有各自的检索特点：超星的检索点是书名、作者、出版社和出版日期；书生之家多了 ISBN 书号、丛书名和摘要；Apabi 又多了关键词、全面检索和全文检索等检索点。电子图书如此，那么电子期刊之间、期刊与全文数据库及其他资源间的差异就更显而易见了。即使这样，读者也很可能遗漏了某些数据源。费时费力但是查全率较低，没能发挥数字图书馆应有的优势。

跨平台信息检索系统正是针对这个问题而出现的。它可以在一个统一的界面和查询环境下对不同数据源的信息统一进行查询，并以统一的界面显示不同数据源的信息。跨平台检索系统可以节省用户获取资料的时间，提高查准率和查全率，将不同媒体不同类型的数据源以整合的方式显示。

三、图书馆跨平台信息检索系统模式

（一）元数据整合模式

元数据整合模式是目前应用较多的跨平台信息检索系统模式。

该模式通过对多个全文（原始）数据源按一定标准（如 DC）进行标引后，组成一个元数据集，通常用数据库方式储存，通过一个发布系统（Web 服务器）与客户端进行交互。用户看到的是一个集成后的多数据源查询系统，得到的是对原始数据的描述信息。通过一个特定连接，用户可以直接从原始数据源中得到原文数据。

该模式的特点是检索速度和方式不受不同数据源的约束，元数据查询和原文获取通过不同的服务。但是，在实现原始数据源集成的过程中，将会产生多种冲突（命名冲突、模式结构冲突、主键冲突、表达格式冲突）。因此解决这一问题需要耗费一定的标引和组织元数据资源，元数据与原文数据源之间的同步性差。对于元数据一致性、协同性要求较高或变动不太频繁的数据源采用这种方式较为合适。例如，电子期刊刊名整合、自建的数据库系统、电子图书整合等。

（二）中间件模式

这种模式多用于数据源有数据访问接口的情形。该模式采用中间件技术，将来自用户的查询请求分解成对不同原始数据源的独立访问请求，通过标准（ODBC/JDBC）或非标准的数据访问接口（API）对原始数据源进行实时访问并将结果整合后通过发布系统（或直接）返回给用户。

这种模式的特点是实时性好，任何原始数据的更改都可以在用户查询时及时得到反映；原文获取可以直接通过中间件获得从而省去原文数据源的原文发布服务。但应用局限于原始数据源必须提供访问接口，而且由于各数据源的速度问题影响到用户得到结果的时间。另外，中间件的开发和获取各数据源后的数据整合策略和技术需要合理规划。

该模式适合用于有标准接口的数据源跨平台检索中，例如，将图书馆书目查询与电子图书、电子期刊（必须是标准的数据库而且开放的结构）整合查询；多个图书馆书目查询系统通过各自的 Z39.50 服务器在客户端的中间件中整合显示（省去了数据发布系统）；OAI 数据服务者通过 OAI 协议从不同数据提供者那里获取数据并整合后提供服务。

（三）网页搜索代理模式

这种模式的应用前提是原始数据源都提供了 Wed 发布并有查询功能。这种模式对于目前图书馆大量购买的数据源和网上免费数据源整合发布比较适合。这些数据源通常只提供有限的元数据，极少会提供标准接口。分布式网页搜索代理可以通过模拟用户请求到数据源的网站上获取信息，整合以后返回给用户。

该模式对于大多数网上资源可以进行实时、高细粒度的检索（取决于对方网站提供的检索深度，例如，一般国外电子期刊可以提供到篇名级的检索），用户的查准率可以得到最大限度的满足。同时，对信息挖掘分析、软件开发和网络环境等的要求也相当高。为了获得足够的元数据信息，设计时必须对数据源的 Web 结构层次和文献组织进行详细的分析，对不同的查询请求需要进行转换以达到数据源接受的要求；同样，对元数据的统一标准、数据整合策略和发布结果策略的制定等都有要求。

（四）依附模式

该模式将一些其他数据源的部分元数据（含超链接）加入一个数据源中一起发布。最常见的形式有将订购（或自制）的全文电子图书（期刊刊名）的URL 地址加入书目查询系统中（或反向）。

这种模式短期可以部分解决资源最大利用的问题，但是缺点是数据更新工作量很大而且多为人工处理，并且适用的范围较小。

（五）基于 Web Service 模式

利用 Web Service 技术来集成数字图书馆中不同数据库的资源，根据统一的规范发布 Web Service，为用户提供统一的检索界面，可以有效地提高用户检索效率。

数字图书馆的基于 Web Service 的跨平台检索模型从总体上可以分为四层：用户层、应用层、Web 服务层和数据层。其中用户层通过应用层发布的统一检索界面得到各数据源的检索结果；应用层负责响应从用户层传递来的用户需求、从数据源中获取信息并处理信息以及信息集成等；Web 服务层则利用 Web Service 技术，通过各种数据驱动、协议链接到各数据库资源，同时通过 UDD I 注册中心对外发布服务；数据层则提供所有查询的数据源。各层之间彼此联系、彼此制约，使得用户与数字图书馆资源能有效链接，方便用户查询。

在应用层中有三大模块：用户接口模块、信息处理模块和数据接口模块。其中用户接口模块负责接收用户的查询请求并发送统一格式的检索结果，还负责用户身份认证；信息处理模块则是对所查询到的信息进行去重、排序、格式化处理，以统一的格式送到用户服务接口；而数据接口模块则负责与 UDDI 中心及各个数据源的通信，执行数据库的选择操作，并将用户的查询请求传送到不同的 Web 检索服务。

在编程术语中，接口类似于类，但它的成员都没有执行方式。它只是方法、属性、事件和索引符的组合而已，甚至不能实例化一个接口，接口只包含成员的签名。接口也只能包含这四种成员，它没有构造函数（构造不能实例化的内容），也没有字段。同时，接口又被称为"客户端应用和Internet服务之间的媒介"。

通过匹配数据接口模块从数据库源中检索到的数据，如果有对应信息，则将查询值赋给结构 data return，同时给结构 data return 的 valid 子项置为 true；如果参数不合法或是查询不到对应信息，将结构 data return 的 valid 子项置为false；将结构 data return 作为返回值返回。

借助 Web Service 创建数字图书馆内部注册中心，在各个服务器应用请求和应用服务之间架起一座桥梁。利用 Web Service 的身份验证和授权技术，再加上防火墙的保护作用，可以大大提高模型系统的安全性。

利用 Web Service 技术构建整合数字图书馆不同数据库资源的检索模型具有五大优势：第一，简单化，由于开发和使用 Web Service 的平台框架是现成的，创建跨越多个应用程序的集成处理就相对简单；第二，灵活性，基于 Web Service 的集成是建立在发表服务的应用程序和使用服务的应用程序之间的松散耦合，因此这种集成是非常灵活的；第三，高效性，Web Service 允许应用程序划分为一些小的逻辑组件，因为在小粒度基础上集成应用程序，集成将变得更容易，这也使得基于 Web Service 的集成更有效；第四，动态性，Web Service 技术能够通过提供动态的服务接口来实施一个动态的集成；第五，费用低，可以预见，随着 Web Service 的不断成熟，利用 Web Service 技术实现异构数据库资源的统一检索将成为一个发展趋势。

四、图书馆跨平台信息检索系统的应用

通过上述跨平台检索系统的模式研究，考虑到上述五种模式的特点，可以设计一种集成模式的跨平台信息检索。

对于数据采集可以采用如下几种方式：①对不是经常更新的数据或者没有合适查询服务的数据源用元数据整合模式建立元数据数据库，试验系统尝试书生电子图书、图书馆书目查询系统（考虑图书管理系统的运行性能）、自建视频点播（VOD）数据库（缺少查询界面）；②对于数据更新频繁但是查询条件简单的有数据库接口的数据源，采用中间件模式建立数据采集中间件，该数据源基于 TRS 数据库，TRS 提供了自定义接口；③对于网上电子期刊等更新速度快又有较好的检索体系的数据源，采用网页搜索代理的方式进行元数据采集。

由于不同数据源的数据性质存在差异，我们对所有选定的数据源按照 DC 的 15 个标准字段制定了转换标准；对网页搜索方式的数据源，事先分析了网页中与 DC 对应的数据位置。查询界面分简单（自由词）查询和高级查询，由于考虑网络和数据源速度，高级查询中要列出各个数据库估计的查询时间。在简单查询中对各个数据源的所有可检索点进行查询，而在高级检索中仅显示最小检索点数据源的检索条件。用户还可以选择数据源和检索词（点）的组合查询。显示分概览和细览两种，概览以列表方式显示命中记录的主要字段，细览则列出所有的 15 个字段，其中的 URI 能够直接让用户连接到全文。为了使系统具有可扩展性和可移植性，建议采用 JSP 技术来进行开发。

（一）系统应用的问题

由于系统涉及的标准和技术较多，还受到数据源变化等影响，在系统实现过程中会遇到一些问题。为此，图书馆还应该做好以下工作。

（1）会元数据标准选定。考虑到各个数据源的不同特点和组织方式，选用DC作为一个统一的数据标引标准。但是具体落实到不同数据源时，DC有一定的局限性，如果进行不同类型的扩展，那么数据整合又会非常复杂。

（2）检索策略。不同数据源（特别是网页类的数据源）的检索点不同，这点在中文网站上尤其突出，给统一完善的检索机制带来很大挑战。

（3）检索速度。受网络和原始数据源系统处理速度的影响，获得数据的时间差异很大，对用户的耐心有较大考验。时间和查全率难以找到合适的平衡点。目前大多数系统采用先到先显示的方法，导致结果显示的多样化（比如排序等）无法实现。

（4）数据重复。较多的重复数据使取舍标准比较难定。可以用相似度去重，但是相当数量的文献由于出处不同，所具有的特性也不同。比如文摘类和全文类文献完全视用户的实际情况而取舍，难以在简单查询后过滤掉内容相同的记录。另外，检索速度的差异让去重成为不可能完成的任务。

（5）原始数据的结构更新。通过代理搜索模式查找到的数据源，其结构改动将会使程序改动的工作量加大。

（二）系统扩展

系统可在如下方面进行适当扩展，提升其使用效率：添加合适的统计分析模块，可以进行电子资源质量和服务评估，指导馆藏电子资源的收藏政策；个性化定制，如定制数据源、查询条件、结果显示方式、专业、历史查询记录等。根据电子资源的特点，采用合适的数据缓存技术可以大大加快用户的查询速度。

第五章　图书馆信息化建设相关技术

图书馆信息化建设离不开相关的技术支持。本章分为共享技术，数据压缩与存储技术，信息采集与检索技术，网络信息资源的组织管理技术，数字化信息资源标准化技术，大数据、云计算、人工智能等新技术的运用六个部分。主要包括图书馆信息化建设中 WWW、多媒体及其数据库等共享技术，数据压缩方法、算法及数据存储技术，网络信息资源的组织管理特点、技术及运用等内容。

第一节　共享技术

一、WWW 技术

这种技术具有功能强大、灵活、用户使用方便等技术优势，它还能够支持多媒体信息，为全世界用户提供查找和共享信息的手段，是人们进行动态多媒体交互的最佳方式，也是当前各类图书馆网络信息服务的主要类型。

图书馆 WWW 信息服务的主要形式有：检索查询（包括在线书目查询、期刊目次查询、文献检索、数据库检索、用户资料查询、国际联机检索、光盘检索等），在线图书馆（在线书刊浏览），网上教学（电子教程下载、在线讲座和热点问题探讨等），网络导航，交互信息（图书馆公告、图书馆人才招聘广告、网上问卷调查、读者留言、问题解答等），多媒体资源服务（音频、视频资源的介绍，在线收听或视频点播 VCD 等）以及传统信息服务的 Web 形式（馆藏查询、预约、续借、新书通报和新书推荐等）和定题服务，参考咨询，原文件传递和下载服务等。

二、多媒体及数据库技术

多媒体技术就是利用计算机技术把文本（正文）、声音、图形、图像等多媒体文件综合一体化，使之建立起逻辑连接关系，并对它们进行采集、获取、编辑、加工处理、压缩存储和演示。简单来说，多媒体技术就是把图、文、声、像和计算机技术集成在一起的技术。文本、图像、音频、视频等信息资源经数字化处理后，常以多媒体数据库（MDB）的逻辑结构实现存储，由多媒体数据库管理系统（MDBMS）实现管理。

三、超文本与超媒体

超文本是一些特殊的文字，当在这些文字上按下鼠标，就会通过链接跳转到其他的页面，而这个页面可能在本机上，也可能在其他的机器上。

超媒体是超文本引用链接其他不同类型（内含声音、图片、动画）的文件，这些具有多媒体操作的超文本和多媒体在信息浏览环境下的结合就是"超媒体"，它是"超级媒体"的简称，是指多媒体超文本（Multimedia Hypertext），即以多媒体的方式呈现相关文件信息。

四、流媒体技术

流媒体技术也称"流式媒体技术"。所谓流媒体技术就是把连续的影像和声音信息经过压缩处理后放在网站服务器中，让用户一边下载一边观看、收听，而不用等整个压缩文件下载到自己的计算机上才可以观看的网络传输技术。该技术先在使用者端的计算机上创建一个缓冲区，在播放前预先下载一段数据作为缓冲，在网络实际连接速度小于播放所耗的速度时，播放程序就会取用一小段缓冲区内的数据，这样可以避免播放的中断，也使得播放品质得以保证。

流媒体技术不是一种单一的技术，它是网络技术及视、音频技术的有机结合。在网络上实现流媒体技术，需要解决流媒体的制作、发布、传输及播放等方面的问题，而解决这些问题最终需要利用视、音频技术及网络技术得以实现。

第二节 数据压缩与存储技术

一、数据压缩方法

根据解码后的数据是否同原始数据一致，可分为无损压缩和有损压缩两类。

根据压缩原理的不同，可以分为预测编码、变换编码、量化与向量量化编码、信息熵编码、结构编码和基于知识的编码。

（一）无损压缩

无损压缩利用数据的统计冗余进行压缩，可完全恢复原始数据而不引入任何失真，但压缩率受到数据统计冗余度的理论限制，一般为 2：1 到 5：1。

这类方法广泛用于文本数据、程序和特殊应用场合的图像数据（如指纹图像、医学图像等）的压缩。由于压缩比的限制，仅使用无损压缩方法不可能解决图像和数字音频与视频的存储和传输问题。典型的无损压缩编码有霍夫曼编码、算术编码、行程编码、串表压缩算法（LZW）编码等。

（二）有损压缩

有损压缩方法利用了人类在听觉和视觉上对图像或声波中的某些频率成分不敏感的特性，允许压缩过程中损失一定的信息；虽然不能完全恢复原始数据，但是所损失的部分对理解原始信息影响较小，却换来了大得多的压缩比。有损压缩广泛应用于语音、图像和视频数据的压缩。有损压缩编码在压缩时舍弃部分数据，还原后的数据与原始数据存在差异，它具有不可恢复性和不可逆性，解码出的数据同原始数据存在一定的误差，但效果一般是可以接受的。有损压缩编码类型有预测编码、变换编码等。

二、数据压缩算法

（一）文本数据压缩

对文本压缩的首要要求是要保证原始文本数据与解压缩后绝对一致，否则就会影响对原始文本数据的理解。所以一般来讲，无损压缩都可以用来对文本数据进行压缩。

文件等数据压缩是以数据压缩技术为基础建立起来的实用工具，可以被广大用户直接使用。随着计算机技术的不断发展，软件产品日益增多，需要保存和交换的数据量日益增大，对文本数据压缩工具的需求也日益增多。

（二）图像压缩

（1）CCITT G4 是国际电话与电报咨询委员会提出的关于黑白二值图像的压缩方法的一个规范，它基于变长游程编码和改进的霍夫曼编码，主要用于传真与黑白图像相关的领域，属于无损压缩编码。

（2）JBIG 是二值图像压缩标准，是和 JPEG 并行的国际规范，主要针对黑白和灰度图像，于 1993 年得到正式认可。它的技术特点是编码效率高，能够自适应图像特征，能够进行图像的有损和无损压缩，但是有损压缩质量急剧下降。

（3）JBIG2 解决了有损压缩质量下降的问题。JBIG2 能够实现以分层方式传送图像，图像在传送时，先传送一幅比较概略性的图像，然后随传送数据的不断到来图像质量逐步提高。

（4）JPEG 是一个在国际标准组织下从事静态图像压缩标准制定的委员会，它制定了第一套静态图像压缩标准，该标准适合各种分辨率与格式的静止彩色和灰度图像，但不适合二值图像。

（5）JPEG 2000 的压缩率比 JPEG 高约 30%，同时支持有损和无损压缩，并且能够实现渐进传送，支持"感兴趣区域"特性，可以指定压缩图像上任意感兴趣的区域。

（三）运动图像压缩

（1）面向通信的视频编码 H 系列标准。会议电视信号中包含了活动图像信息，因此信息量较大，为节约传输费用，必须对它进行信源压缩编码，使其在线路上传送的会议电视比特流码率尽可能低，又要保持一定的图像和声音质量。

（2）国际标准化组织的运动图像专家小组 MPEG 系列标准。国际标准化组织的运动图像专家小组制定的动态视频压缩编码国际标准——MPEG 技术，是近十几年国际图像压缩编码技术的结晶。MPEG 标准包括 MPEG 视频、MPEG 音频和 MPEG 系统（视频音频同步）三个部分。

（四）音频动态压缩

目前国际上制定的音频压缩标准追求两个方向，在一些应用环境下追求尽可能低的传输速率，在另一些应用环境下则追求尽可能高的保真度。

MPEG 音频压缩编码是一种有损的非平衡编码。有损意味着为达到低比特率，采用了基于听觉和视觉心理的压缩模式，一些人眼和人耳最不敏感的图像和伴音信息将丢失；非平衡编码意味着其压缩编码过程比解码过程慢得多。

三、数据存储技术

（一）网络附加存储（NAS）

NAS 是一种特殊的、能完成单一或一组指定功能的基于网络的存储设备，它通过自带的网络接口把存储设备直接连入到网络中，实现海量数据的网络共享，把应用程序服务器从繁重的 I/O 负载中解脱出来，它是新兴的面向网络存储模式的标志性设备。

NAS 服务器是一种"瘦服务器"。具体地说，它是专门为存储所设计的，它的操作系统内嵌在服务器中，用户只要把它连接到网络上，设置一个 IP 地址，甚至不用设置 IP 地址，就可以照常工作（需要事先启动 DHCP 服务），而且还可以在其他计算机上通过普通的浏览器来查看它的状态，进行普通操作。可以说，NAS 就是专门用于存储的功能性服务器。

（二）存储区域网络（SAN）

SAN 是一种高速专用网络，用于连接服务器和存储设备，基于这种网络技术的存储结构，具有很高的性能。在这种结构中，多台服务器连接到一个内部高速网络 SAN 上，多个存储设备也连接到这个网络上。支持服务器和存储之间任意的点到点的连接，SAN 集中体现了功能分拆的思想，提高了系统的灵活性和数据的安全性。SAN 以数据存储为中心，采用可伸缩的网络拓扑结构，提供 SAN 内部任意节点之间的多路可选择的数据交换，并且将数据存储管理集中在相对独立的存储区域网内。在多种光通道传输协议逐渐走向标准化并且跨平台群集文件系统投入使用后，SAN 最终将实现多种操作系统下的最大限度地数据共享和数据优化管理，以及系统的无缝扩充。SAN 是独立数据存储网络，网络内部的数据传输率很快，但操作系统仍停留在服务器端，用户不是在直接访问 SAN 的网络，这就造成 SAN 在异构环境下用户不能实现文件共享。

（三）NAS 与 SAN 融合

无论是 NAS 的文件服务功能，还是 SAN 的快速数据块传输，目前都已有了广泛的用户，NAS 和 SAN 都为用户提供了集中化的存储管理，极大地改善了数据的可靠性，同时使用户的数据备份方案更加丰富多彩。但已经采用了 NAS 或 SAN 的用户在享受种种新技术的同时，往往期望有更加完善的存储技术，NAS 用户常抱怨有限的局域网带宽，SAN 用户更是苦恼于不能实现异构环境下的文件共享。人们急于将 NAS 和 SAN 技术融合起来。当然，这种融合存在其合理性。SAN 提供速度，NAS 提供由文件处理带来的协作性，它们的结合非常令人心动。对 SAN 来说，点到点之间光纤通道的最大距离不得超过10km。这一限制实在是一个缺陷，但这种缺陷可以被 NAS 的 IP 联结所弥补。这就是说，可以通过 IP 网络发送光纤通道命令（FC/IP）。借助于千兆以太网技术，拥有一个以 SAN 为主要基础架构、NAS 补充的网络存储系统。从技术角度讲，将 NAS 和 SAN 两者相结合，共同完成网络存储的任务是科学的也是可行的。目前已经出现了几种 NAS 和 SAN 的融合方案。

四、缩微技术

缩微技术是另一种信息存储技术。所谓缩微技术就是将资料或图书通过专用设备利用照相原理缩小到胶片上，使用时再用专用设备阅读或复印。在图书、情报管理中运用缩微技术有很多益处。首先，缩微品体积很小，占用的空间小，同样一种资料，以缩微品的形式收藏比印刷品节约上架空间的98%。其次，缩微品比印刷品的保存寿命长，也利于保管（如防虫、防火等）。最后，缩微品价格低廉，同样一份文献，缩微品比印刷品要节约费用1/2到2/3。

和数字化的存储技术相比，缩微技术有自己的独特优势。首先，它是一种成熟稳定的技术，标准化程度高，不必考虑兼容性问题。使用数字存储方法作为保存手段，有可能出现今天存储到某种计算机存储介质中的数字内容，几年之后，就没有设备能将其不失真地读出来，而更新过时的文件格式和介质（如果可能的话）所需要的费用是非常昂贵的。其次，文献缩微品保存文献安全可靠，阅读缩微胶片上记录的光学影像对设备的依赖性小，在最困难的时候，有一个较高倍率的放大镜即可阅读。胶片即使有一定损坏也是部分文献的丢失，多数的文献仍可读出。不存在光盘等载体记录过程中的误码率、文献丢失无法察觉、计算机病毒影响软件、网络黑客破坏计算机系统等问题。而文献保存寿命长是它的最大优势，根据微缩胶片本身的理论特性和物理特性，它是目前保存时间最长的一种文献载体介质。根据1997年初美国柯达（KODAK）公司技术报告公布的测试数据，缩微胶片的保存期限为1 000年。最后，缩微胶片真实可靠地保持了原件的本来面目，具有法律凭证作用。所以，缩微技术在数字化的存储技术飞速发展的今天，仍旧在图书馆的信息技术方面占有一席之地，不存在谁代替谁的问题。

第三节　信息采集与检索技术

一、信息采集技术

（一）网页采集技术

网页采集技术是通过分析网页的HTML代码，获取网内的超级链接信息，使用广度优先搜索算法和增量存储算法，实现自动地连续分析链接、抓取文件、处理和保存数据的过程。系统在运行中通过应用属性对比技术，在一定程度上避免了对网页的重复分析和采集，提高了信息的更新速度和搜索率。通常，网页采集技术支持多语言的编码，包括中文、英文、日文、法文等多种语言，且能按照用户指定网页链接层数下载，设定超时时限、重试次数、定时定制、追踪敏感站点等，还可以实现基于Web发布的网络数据库信息的采集和数据获取。

（二）文本挖掘技术

随着互联网的发展，文本信息已经成为一种重要的知识来源。由于文本信息的存储量大、变化快，从中获取信息十分困难，因此，文本挖掘逐渐成为网络信息采集的一个研究热点，不仅可以用于企业中存在决策需求的业务部门，而且可以用于提供综合信息服务的网站。

文本挖掘技术综合运用人工智能、模式识别、神经网络等领域的各种技术，按照用户的个性化信息需求，根据目标特征信息对网络文本信息进行有针对性的搜寻和信息提取，从而为用户提供快速、准确、全面有价值的信息。基于文本挖掘技术的网络信息采集系统可以采集动态网页信息、自动判别网页内容，通过网站提供的查询接口对网络数据库中的信息进行遍历和分析整理，最终提取相关信息导入本地信息库。

与一般数据挖掘所不同的是，文本挖掘的信息源是文本数据库，由来自各种数据源的大量文本组成，包括新闻论文、书籍、期刊、报告、专利说明书、会议文献、技术档案、政府出版物、技术标准、产品样本、Web 页面等。这些文档可能包含标题、作者、出版日期、长度等结构化数据，也可能包含摘要和内容等非结构化的文本成分，而且这些文本的内容是人类所使用的自然语言，计算机很难处理其语义。因此，必须用文本挖掘技术来解决这一难题。文本挖掘对文本信息的表示则更加准确，通常使用词和短语来表示文本的概念内容。在文本挖掘系统中，大多采用神经网络模型描述文本及文本集合中各概念之间、文本之间以及概念与文本之间的相互关系。

文本挖掘不但要处理大量的结构化和非结构化的文档数据，而且还要处理其中复杂的语义关系。目前，文本挖掘一般采用将非结构化问题结构化的方式，利用现有的数据挖掘技术进行挖掘。其主要处理过程是对大量文档集合的内容进行预处理、特征提取、结构分析、文本摘要、文本分类、文本聚类、关联分析等。

（三）信息过滤技术

随着因特网的迅猛发展和广泛使用，信息过载和不良信息问题日趋严重。如何能够更有效、更准确地采集到自己感兴趣的信息，排除与自己需求无关的信息，已成为网络信息采集的重要任务。信息过滤技术是大规模内容采集的一种典型应用。

信息过滤技术针对用户在一段时间内比较固定的信息需求，对陆续到达的网络信息进行过滤操作，将符合用户需求的信息保留，将不符合用户需求的信息排除。信息过滤技术主要用于处理文本信息，其目标是帮助用户批量筛选采集来的大量动态信息，着重排除用户不希望得到的信息。信息过滤技术大多数是用机器学习和人工智能方法实现的，其目的是提高过滤效率。根据过滤信息内容的不同，可分为不良信息过滤和个性化信息过滤。不良信息过滤一般指过滤掉暴力、反动、色情等信息，常通过预置不良网址等方式实现。个性化信息过滤属于基于内容的过滤，与个性化信息需求密切相关，它要将信息内容和潜在的用户信息需求特征化，然后再根据这些特征表述，智能化地将用户需求同采集的信息相匹配，按照相关度排序将与用户信息需求相匹配的信息推荐给用户，其关键技术是相似性计算。

（四）自动文摘技术

自动文摘技术是计算机技术、语言分析技术、人工智能技术相结合的产物，并与自动标引有非常密切的关系，其本质是信息的挖掘和浓缩。

所谓自动文摘技术，就是利用计算机自动地从原始文献中提取能全面准确地反映其中心内容的短文的技术。自动摘录将文本视为句子的线性序列，将句子视为词的线性序列。它通常分四步进行：计算词的权值；计算句子的权值；将原文中的所有句子按权值高低降序排列，权值最高的若干句子被确定为文摘句；将所有文摘句按照它们在原文中的出现顺序输出。在自动文摘中，需要计算词权、句权。选择文摘句的依据是文本的形式特征，主要有词频、标题、位置、句法结构、线索词和指示性短语等。

传统的自动文摘技术主要有理解文摘和机械文摘两种。理解文摘作为理论探索的价值很高，但实用性较低。机械文摘能够适用于非受限域，符合当前自然语言处理技术面向实用化的总趋势，但是由于它局限于对文本表层结构的分析，文摘质量很难再有质的飞跃。基于篇章结构的自动文摘方法，克服了传统自动文摘技术的缺点，能够更准确地探测文章的中心内容所在，因而能够避免机械文摘的许多不足，保证文摘质量。

二、信息检索技术

计算机信息检索技术始于 20 世纪 50 年代，随着网络化、信息化的发展，经历了脱机批处理检索、联机检索、国际联机检索、光盘检索、网络检索几个阶段。随着互联网的迅速发展及超文本技术的出现，客户 / 服务器联机检索模式使得检索对象从相对封闭、集中管理的信息内容扩展到开放、动态、分布广泛的网络内容。

在进行计算机检索时，检索系统一般都提供了简单检索、高级检索、专业检索等功能，都是利用检索词或者检索式进行，有时候课题名称及检索提问是不能直接作为检索式使用的，为了提高检索效率，信息检索系统会提供一些运算方法，对于检索提问进行技术处理。目前常用的信息检索技术有布尔逻辑运算符组配检索、加权检索、截词检索、字段限制检索、位置运算符检索等。

（一）布尔逻辑运算符组配检索

当检索要求较为复杂，需要分解为多个主题概念时，需要利用布尔逻辑运算符将检索词、代码等连接起来，布尔逻辑运算符组配检索是目前检索系统最常用也是最成熟的一种检索技术。

在构造逻辑检索式时，常用的布尔逻辑运算组配符有以下几种。

逻辑"与"。用"AND"或"*"表示。A*B 或者 AANDB 表示检索必须同时含有检索词 A 和检索词 B 的文献才能为命中文献，逻辑"与"因缩小了检索范围，增加了检索的专指性，提高了查准率，文献命中量会减少。

逻辑"或"。用"OR"或"+"表示。A+B 或者 AORB 表示文献中凡含有检索词 A 或者检索词 B；或者同时含有检索词 A 和 B 的文献均为命中文献。逻辑"或"因放宽了检索范围，提高了查全率，文献命中量会增加。

逻辑"非"。用"NOT"或"-"表示。A-B 或者 A NOT B 表示在含有检索词 A 的文献中去除同时含有检索词 B 的文献。逻辑"非"能够缩小命中文献范围，增强检索的准确性。

布尔逻辑运算遵守数学运算法则，运算优先级为：如果有括号，括号内的逻辑运算优先执行，括号外按 NOT → AND → OR 依次执行。

布尔逻辑运算符组配检索简单易行，方便用户缩检和扩检，但是，检索式的构建过于简单，不能区分检索词的重要程度，概念之间的语义联系也很难准确表示，因此很容易出现漏检的情况。

（二）加权检索和聚类检索

加权检索是对布尔逻辑运算符组配检索的改进，就是在进行检索提问时，在每个检索词后面加权，赋予一个数值表示其重要程度。在进行布尔逻辑运算符组配检索时，检索系统先查找这些检索词是否在数据库记录中存在，然后还要对事先给定检索词的数值加以计算，低于规定数值即权重数的，才能作为检索结果输出，检索结果中，文献按权重大小依次排列，信息用户能直接了解命中信息的切题程度如何。运用加权检索是一种缩小检索范围和提高检准率的有效方法，输出结果较明显直观。

随着数据库技术的发展，数据库存储的信息量也急剧增大。聚类分析技术是在对文献进行自动标引的基础上，重新组织信息、发现知识、挖掘数据的工具，聚类技术计算出文献与文献之间的相似度，并把相似度较高的文献集中在一起，揭示其相关性。与分类检索和主题检索不同的是，分类检索是事先按学科门类定义分类目录，主题检索是利用自然词汇或规范性词汇检索同一主题概念的信息内容的方法，而聚类检索是按主题方式标引文献，按类形成不同聚类层次的类目体系，兼有主题检索系统和分类检索系统的优点。

（三）截词检索

截词检索也是一种常用的计算机检索技术，截词检索是利用检索词的词干或不完整词形进行查找的过程。在查找西文文献时，词汇可能会有多种形态上的变化，如果把检索标识相同的部分保留，变化的部分用截词符代替，构建检索式时就不用把这些检索词全部列举。这种方法可简化检索步骤，扩大检索范围，防止漏检。截词方式分有限截词和无限截词两种。有限截词即一个截词符只代表一个字符。无限截词的一个截词符可代表多个字符。因检索系统不同，截词符号也会不相同，在使用截词符时要注意区分。无限截词按照截断的位置来分，有后截断、前截断、前后截断三种类型。

后截断即前方一致，将截词符放在检索词词干的后面，满足截词符前方的所有字符的记录均为命中文献。主要用在年代单复数、同根词等作检索词时，例如，"199?""19？？""inter？"等。

前截断即后方一致，将截词符放在检索词词干的前面，满足截词符后方的所有字符的记录均为命中文献。常用于一个学科不同的应用领域的检索，这类词语词干相同而前缀不同。

前后截断即中间长一致，就是保留检索词的中间部分，前后均加入截词符。主要用于检索词拼写方式不同且具有单复数变化时。需要注意的是，截词检索可能会检出无关词汇，造成误检，所以要合理使用。

（四）字段限制检索

在计算机检索系统中，字段是信息最基本的存储单元，字段限定检索就是限定检索词在数据库记录中出现的字段范围的检索方法。当前常用的系统均支持字段限定检索，检索系统不同，字段限制符号的表达形式和运用规则也不同，用户在具体使用时要对检索系统规则有所了解，才能有针对性地执行。

使用字段限制符检索，可以将检索词限定在特定的字段里，系统只将检索词对指定字段进行匹配，控制检索结果的相关性，查询结果更加准确。

（五）位置运算符检索

位置运算符检索也叫作"全文检索"或"邻近检索"。位置运算符检索也常应用于西文文献检索中。在某些情况下，如果不限定两个检索词的位置，在英文的表达方式上就会完全不同，造成误检。因此位置运算符检索就是利用特定的位置运算符连接两个检索词，要求这两个检索词必须同时出现在某一记录中，并且这两个检索词之间的位置关系符合限定要求。

检索词的相对位置不同，表达的意义也不尽相同，位置运算符控制了检索词之间的邻近关系，以增强检索结果的精确性。

第四节　网络信息资源的组织管理技术

一、图书馆网络信息资源的组织管理特点

（一）动态性、多模式化

信息技术的进步与广泛应用带来的是种类繁多、数量庞大的数字化信息。以往信息资源大部分都是文本信息，而现在网络上充斥着大量的图像、图形、音频、视频等非文本信息，过去主要适用于文本信息的处理方式，早已跟不上时代的发展。非结构化信息没有文本信息的格式化与规范化等特点，满足人们对信息的需求、对非结构化信息的有效检索、建立规模适中的非文本信息数据库、降低成本等，成为传统的组织方式面临的难题。

（二）自动化

现代化、自动化的生产方式得以普及的主要原因是解放了劳动力，大量烦琐的工作由机器代替。传统的信息组织方式在庞大的网络信息资源面前显得十分无力，并且人工处理方式也满足不了网络信息的原始性、完整性与时效性的要求。所以，信息组织的自动化要求图书馆网络信息资源整合，网络信息资源整合是信息组织的自动化的必然要求。

（三）透明化、易用性

在网络迅速发展的背景下，网络已成为人们获得信息主要来源之一。现代的网络资源需求者不再局限于少部分研究人员或科技工作者，更多的是涉及不同领域、不同知识层级、不同年龄阶段的社会大众。用户结构的复杂性，反映出的一个问题就是多数用户不具备必要的信息检索能力，为适应复杂多变的用

户环境，满足普通用户信息检索需要，实现网络资源共享，就必须将网络信息资源进行有效整合，将网络信息变成用户可以便捷、迅速获取的信息。

（四）精确性

网络信息资源的产出速度使其无法形成一个完善的体系结构，而且社会的不断进步导致各领域的相关信息不断地更新换代，且时间速度不一，同时信息也出现了大量的重复、错漏、冗余泛滥、真假并存等现象，导致网络信息资源系统化、程序化程度低。虽然网络上出现了一批高效搜索引擎，但这些都无法彻底解决信息精确度不高的问题，还是需要网络信息资源的整合来改善以上现象。

（五）标准化、兼容性

网络是一个拥有无数节点，且没有组织领导的分散式网状结构，这样的网状结构的特点是网络信息资源混乱、无序、真假并存的主要原因。信息网络是对网络信息资源进行存储、分析、加工的协作系统。系统间的交流与充分利用网络资源要求各方面的整体配合，因此网络化的前提条件就是在信息组织与加工等方面采用一系列标准，实现数据格式、描述语言和标引语言的标准化。

二、网络信息资源的组织管理技术

网络信息资源管理有两种组织模式：一是按照等级或主题指南的方式将网络信息组织起来；二是用关键词对文件内容进行标引，建立一个可供查询的数据库。但从实际应用来看，由于系统设计理念和当时技术条件的限制，效果均不尽如人意。一方面，它们只能提供文本信息的查询，而不适用于超文本信息；另一方面，检索界面和指令较为复杂，一般用户不易掌握，最终不可避免地逐步为具有超文本、超媒体等强大功能的万维网系统所取代。万维网利用超文本链接向用户展示立体、多维的信息空间，使网络信息的查询和发布都变得简单而快捷，从而改变了人们的交流方式，甚至生活方式。万维网检索系统通过检索引擎和主题指南对网络资源进行组织与管理，它将关键词、自然语言检索与主题指南相结合，提供了一种查询网络信息单元的新型模式。但万维网检索系统在检索准确性和质量控制方面的不足，使其应用发展受到一定的限制。为了弥补万维网系统的不足，新一代的智能型网络信息检索系统开始登场，将人工智能技术应用到网络信息资源组织、管理与检索领域，为用户提供全新的、智能化的、个性化的信息检索服务，成为现阶段网络信息资源组织与管理发展的主流方向。开发元数据对网络信息资源进行书目控制也日益成为网络信息资源组织、管理的重要内容与方法。

网络信息资源的组织方式是通过对网络信息外在和内在特征的表征和序化，达到信息资源有效利用的目的。目前使用较为普遍的网络信息资源组织方式主要有文件组织方式、数据库组织方式、超文本组织方式、搜索引擎方式和书目控制组织方式五种。

（一）分类法

分类法是按照科学体系或知识属性描述和表达信息内容，并依类别特征系统排列信息的一种信息组织方法，具有很好的系统性和层次性。分类是人类认识客观世界、区分客观事物的一种逻辑思维活动，也是根据事物的共性与特征聚集相同事物、区分不同事物的手段。传统分类法是传统图书馆中组织文献信息的一种有效方法，它是以文献内容的学科属性为聚类的主要依据，形成一个以学科分类为基础的分类大纲，再以学科之间的等级隶属关系，自上而下层层展开分类，从分类大纲到各级子目的排列，都反映了类目之间的内容和逻辑联系。这种分类法以数字号码作为文献的检索标识，满足用户对文献信息的检索，能达到很高的检全率。许多著名的分类法，如杜威十进分类法（DDC）、国际十进分类法（UDC）、美国国会图书馆分类法（LCC）、中国图书馆分类法等，都得到了广泛的应用。

分类法在组织数字资源方面发挥着巨大的作用，其组织数字资源的方式主要有以下几种。

1. 文献分类法

随着分类法数字版的出现，部分相关机构，如大学图书馆、学术性网站和学术性数据库等利用网上现成的 DDC、UDC 和中国图书馆分类法等作为分类工具，对数字资源进行组织，构建了相应的网络信息检索系统，如联动计算机图书馆中心（OCLC）使用 DDC 建立了名为 Net First 的分类网络信息系统、美国艾奥瓦州立大学使用 LCC 建立了网络数据库、中国教育系统机构运用中国图书馆分类法建立了中国教育科研网等。数字分类法易于浏览、实现字顺检索等优势使得其成为分类检索的补充，使现实中一些隐约、探层次、更为详细的主题的检索相对容易。学科信息门户（SIG）致力于将特定学科领域的信息资源、工具与服务集成到一个整体中，为用户提供一个方便的信息检索和服务入口。SIG 成为很受专业用户欢迎的数字资源组织模式，其所提供的数字资源质量高，而且 SIG 使用了严格的分类法来组织这些资源，为用户提供了很多便利。

2. 网络分类法

网络分类法主要服务于网站、搜索引擎，根据网站或搜索引擎的自身特色和实际需要，设计一级类目，然后将网站上的网页归入相应的类目中。网络分类法区别于传统分类法的重点在于前者可根据用户的需求，将信息量大、点击频率高的知识内容突出列类，不必考虑其在分类体系中所处的层次，因此这种等级体系不是严格意义上的等级体系。各个子类之间也可能不属于同一级类目，但是各个知识内容之间存在着网状的联系，因此，用户可根据自身需求随时调整检索范围，以获得自己满意的检索结果。

3. 人工神经网络

人工神经网络是根据人类的生物神经系统结构设计的计算机系统，在数字资源组织方面，可用于自动分类。目前在分类上应用最广泛的人工神经网络是自组织映射，它是一种无导师自组织和自学习网络。利用该网络可实现 Web 文档的自动聚类，如果在此基础上更进一步，即利用 SOM 网络实现索引词聚类，就可实现超文本链接的自动生成。从中可以看出，未来利用人工神经网络实现自动分类拥有可观的前景，其潜力不可估量。

（二）主题法

主题法是以主题语言为基础，根据信息的主题特征来描述、表达组织信息的一种信息组织方法。它以词语作为检索标识，按主题字顺序排列，直观性强。传统的主题法包括标题词法、单元词法、叙词法和关键词法。目前，主题法系统在网络信息资源组织中的使用主要有使用关键词法组织网络信息、使用叙词法组织网络信息和使用关键词法与叙词法相互结合组织网络信息三种形式。

1. 关键词法

关键词法就是将信息原来所用的、能描述其主题概念的那些具有关键性的词抽出，不加规范或只做极少的规范化处理，按字顺排列，以提供检索途径的方法。关键词法有标引速度快、成本低，能达到自动标引的效果、不存在滞后性等特点，使得它在数字资源组织方面得到广泛应用。

在网络信息组织与检索中，关键词检索法得到了大量的使用，其在搜索引擎、联机数据库中的应用最为典型。

（1）关键词法在搜索引擎中的应用。在搜索引擎中，借助自身软件从网页中搜集关键词，建立索引库，组织检索系统，提供检索途径，关键词检索分为简单和高级两部分，前者易操作、效率低，后者通过增加控制措施提高检索效率，但操作难度增加。因此，需通过引入词汇控制原理逐步完善搜索引擎中的关键词检索，使其更好地为用户提供便利。

（2）关键词法在联机数据库中的应用。联机数据库是由专门的机构或开发商开发的，是重要的学术信息源，数据库中关键词法的应用具有以下特点：①关键词为人工标引，质量高；②建有关键词表，供用户浏览、使用；③分类法与关键词法一体化，检索效率高；④引入专业禁用词表，关键词规范程度高；⑤使用二次检索等功能，提高检索效率。

2. 叙词法

叙词法是以受控的自然语言词汇作为标识，主要以标识的概念组配来表达主题概念的一种主题语言，它吸收了单元词法、标题法、分面组配分类法等多种检索语言的优点，是信息检索语言中最为完善的语言之一。叙词法具有以下特点：①使用概念组配方式，可灵活表达各种概念，控制检索范围，提高了检索效率；②能以较少语词表达较多、较专指、新的概念；③遵循概念组配原理，组配语义准确性高；④使用多种方式显示语词间的关系，提高了检全率和检准率。

（三）本体

本体最早是哲学里的一个概念，从哲学角度来说，本体是客观存在的一个系统的解释或说明，一般译为本体论。在人工智能界，尼彻斯（Neches）等将本体定义为：给出构成相关领域词汇的基本术语和关系，以及利用这些术语和关系构成的规定这些词汇外延规则的定义。一个最为流行的定义是格如波（Gruber）给出的：本体是概念模型明确的规范说明。后来，斯图特（Studer）等对本体进行深入研究之后提出本体是共享概念模型的明确的形式化规范说明。这一定义有四个关键点："概念模型"指对客观世界一些现象的相关概念抽象出的模型；"明确"指所使用的概念及使用这些概念的约束都有明确的定义；"形式化"指本体是计算机可读的；"共享"指本体中所反映的知识是共同认可的。构建特定领域本体的目的在于回答在现实世界某个领域中存在什么样的物体，它们之间的关系是什么。因此一个本体中包含一系列概念、定义、相互关系及推理规则。本体的目标是捕获相关领域的知识，提供对该领域知识的共同理解，确定该领域内共同认可的词汇，并从不同层次的形式化模式上给出这些词汇（术语）和词汇间相互关系的明确定义，使用本体能够很好地对信息语义关系进行分析。

图书馆是本体的重要应用领域。一个应用了本体和元数据的图书馆系统，其数字资源在微观层面都是依据各种规范的元数据方案来组织的，数字资源之间是依据本体所形式化的联系模型产生宏观联系的。本体在其中可以发挥重要作用，主要包括处理信息组织、信息检索和异构信息系统的互操作。刘佳提出将本体应用于基于知识的图书馆数字资源管理的信息系统中，认为图书馆作为相对独立的信息系统，本体可以通过机读元数据自动建立书目数据库，通过语义对网页和文件进行自动标引和注释，通过语义聚类将数字资源中的相关主题进行分类，从而实现图书馆数字资源的定题服务，也可以对网络站点进行分类和导航，丰富图书馆的资源链接。

从理论上来说，本体在知识组织方面拥有诸多优势，但在实践中，其构造和实现是比较复杂和困难的，这个问题使得本体的发展和应用受到了制约，还需要相关的专家学者在这方面做出更大的努力。

（四）主题图法

主题图作为一种新型的数字化信息组织方法，可提供最佳的数字资源导航。它在 XML Topic Map（XTM）1.0 规范中被定义为一系列以主题、联系和范围组成的主题图节点，这些节点以符合 XTM 或者其他规范的文件形式，或者以满足 XTM 加工需求的内部应用的方式存在。概括而言，主题图是一种用于描述数字资源的知识结构数据格式，它可以定位某一知识概念所在的资源位置，也可以表示知识概念间的相互关系。

主题图使用语义网的思想，通过描述主题之间的关系及主题与具体资源之间的联系，揭示概念之间的关联，将用户指引到相关资源处。主题图具有良好的信息检索功能，具体表现在以下三个方面：可支持现有的搜索引擎在资源域层面实现检索；主题图概念可看成一个图或树，支持可视化图形方式的人机交互式检索；主题图可看成本体，可以提供一定程度的概念间关系描述，利用概念间的关系，提供一定程度的智能化检索。主题图应用十分广泛，如在叙词表的编制和应用、网络教学的教育资源组织与导航、数字商务、门户网站、科研助理和知识交流共享等方面都有较好的应用价值。未来，主题图法会在数字资源组织和知识表示方面发挥更大的作用。

网络信息资源的质量隐患已在很大程度上影响了人们对它的充分利用。加强网络信息质量控制，建立科学的网络信息资源评价体系和过滤机制成为网络用户普遍的期待和要求。信息过滤是指利用特定的软件或附加应用程序，根据用户设置的过滤条件对动态信息流进行过滤。信息过滤可以使用户有选择地获取符合个性化需求的信息，排除或摒弃无用乃至有害的信息，减少用户时间、精力和财力的浪费，减少无效信息的流动，提高网络传输效率。信息过滤是开展和实现网络信息个性化服务的基础。

网络信息分布在 Internet 上不同的服务器中，这种分布信息组织模式使得信息资源组织跨越了空间位置的限制，隶属于分布式信息处理范畴。在网络信息资源组织中，计算机系统的信息检索结构和信息处理方式有主机—终端式体系结构模式、文件服务器体系结构模式、客户—服务器体系结构模式和浏览器服务器体系结构模式四种。

三、图书馆网络信息资源组织管理技术的运用

（一）网络信息资源组织管理的目标明确

在实施任何活动之前，明确的目标必不可少，目标是活动的指引，是成功的前提。网络信息资源组织管理的目标是网络信息资源整合的指南针，指导着网络信息的正确发展方向。图书馆要立足于整体，把控全局，对网络信息资源进行有效管理，对网络信息布局、发展内容、研究利用、创建原则等制定适应全国的统一标准和合理规划，在信息创造的源头就有效控制其有序性与合理性，确保网络信息资源整合的顺利进行。网络信息资源整合单单只靠标准的约束是不够的，相关单位、政府机关要发挥政策的引导作用，为网络信息资源整合提供政策保障，使信息整合真正落到实处，造福社会。

网络信息资源整合的目标有四：首先，整合信息类别齐全、设立信息存储多样化、多结构化数据库，建立供用户使用的高效网络信息服务平台；其次，建立一套完善的、整体的、合理的、有效的信息检索体系，最好具体到每个步骤、每个环节，做到信息资源的充分开发和利用；再次，在信息资源整合过程中，保证信息质量，过滤掉冗余、虚假、无价值的信息，将搜集的信息进行分类、重组、标引，建立统一信息质量标准；最后，开放网络资源服务平台，营造网络信息健康传播环境，实现网络信息的全面共享。

（二）网络信息资源数据库及应用系统的优化

网络作为网络信息资源的载体，其开放性与无限共享等特点使类型多样、结构不一、内容重复、资源冗余、信息错漏的信息资源大量存在，相对的原创网络信息资源却十分匮乏，并分散到互联网的各个角落，呈现出分布不均

衡的现象。结构化、半结构和非结构化网络信息资源是网络信息整合的对象，处理好这部分的信息资源，可以顺利解决网络信息错漏、冗余、不规范等问题。非文本信息处理起来相对复杂，现在人们常用的处理方式有两种：一种是中间代理，即搜索引擎接收用户请求后，充当媒介，查找定位用户所需信息，并返回给客户的方式；另一种是建立映射、资源概念数据库和映射规则关系，并用于资源概念数据库与实际资源数据库。

（三）图书馆资金来源渠道的拓宽

每一项工作的顺利推进都离不开资金的支持，资金是保障工作顺利进行的物质基础。现代图书馆的网络信息资源整合，涉及人力（工作执行主体）、物力（网络设备、电子设备投入）、信息技术（如网络技术、信息索引技术、智能化技术等）等各个方面，尤其是信息技术方面耗资巨大，但却不可或缺。作为公益服务型机构，图书馆主要的资金来源是国家及地方的财政拨款。虽然国家大力支持图书馆信息管理改革，但其资金投入有限，在大量的资金需求下，图书馆要积极拓展资金来源，拓宽资金渠道，减少对国家拨款的依赖。图书馆有类型不同、种类齐全、涵盖广泛的信息数据库，因此要尽可能地做到资金来源多元化，图书馆网络信息资源整合要做到有章、有法、有重点地整合建设，明确各项工作的优先级别，分批次、分步骤地做好网络信息资源的整合，使图书馆信息化管理成为现实。

（四）图书馆网络信息资源整合队伍建设的加强

不论是明确整合目标、优化信息资源，还是争取大量资金与技术支持等活动都离不开人的参与，人才是网络信息资源整合的主体。图书馆要重视人才的招募与培养，加强图书馆信息管理队伍建设，建立起一支可以担负网络信息资源整合重任的队伍。网络信息资源整合涉及的能力范围广泛，包括专业的图书管理知识、信息资源收集能力、计算机信息技术等。所以，网络信息资源整合队伍必须是一支高素质的、具备数据分析与资源研究能力的、有全方位知识结构的专业队伍。只有这样的一支队伍，才能满足用户的个性化需求，为用户提供高效服务，帮助用户掌握网络资源组织结构信息与特点，保障网络信息资源的整合和有效顺利进行，切实推动图书馆网络信息资源整合建设实施。

第五节　数字化信息资源标准化技术

一、图书情报数字化的相关标准

标准化的原理是统一、简化、协调和优化，其中最重要的是统一。具体相关标准如下。

（1）有关机读目录格式的标准。包括机读目录格式（CNMARC）、美国机读目录格式（USMARC）、书目信息交换用格式（GB2901-92）、中国机读目录格式（WH/T0503-96）等。

（2）通用标记语言标准。该标准描述功能强大，信息编码灵活和通用性强，后来被广泛地应用于办公室自动化、商业数据管理以及其他更为复杂的应用领域。

（3）都柏林核心元素集。该核心元素集是一个致力于规范 Web 资源体系结构的国际性元数据解决方案，它定义了一个所有 Web 资源都应遵循的通用的核心标准，其内容较少，也比较通用，因此得到了其他相关标准的广泛支持。

二、元数据技术

（一）信息资源的共享

目前大多数学校图书馆、公共图书馆的资源共享都是通过 MARC 标准、ISO2709 的方式来实现的。由于 MARC 是计算机可读及可处理的数据，因此对读者来讲，这样的数据可读性比较差。再者，MARC 数据处理方法使其对硬件与软件平台的依赖性很强。所以在网络发达的现代社会，MARC 已不是唯一的使用方法。而元数据是直接利用标记性语言进行制作的，所以能更好地保证数据的结构化，易于被计算机处理和交流，对读者来说有很高的可读性。从软硬件方面来说，由于标记语言采用了最简单的文本格式，使得它具有很强的兼容性和不依赖软硬件的独立性。另外，元数据描述与被描述的对象整合在一起，大大提高了内容管理与交换中元数据的可用性，加上元数据可以跟 Z39.50 结合在一起使用，使得它在信息资源的共享方面显得得心应手。

（二）易于普及

由于 MARC 著录的复杂性，对于一般的图书馆编目管理人员来说，学习它是一件很困难的事。而由于元数据的著录项目相对 MARC 来说要少很多，也比较容易弄懂，所以只要通过一般的培训就可以上岗工作。国外的一些专家又把它称作"著者著录"，即凡在网络上产生和输出信息的人，都可以利用元数据的格式来著录自己的作品和数字信息。对于图书馆来说，一是可以将原来的回溯书目数据转成 DC 元数据，二是对新文献信息采用元数据来进行著录，这样不但节约了成本，而且可以更好地发挥各类文献信息，特别是新兴的网络资源在图书馆中的作用。

第六节　大数据、云计算、人工智能等新技术

一、大数据技术的运用

（一）大数据的定义及特点

1. 大数据的定义

大数据是指信息数据的复杂性、大小已经大到很难用一种传统的数据工具，在合理时间内达到撷取、管理、处理、存储的目的，而是需要用一种新方法去描述、处理、存储的数据，如非结构化数据与半结构化数据。

大数据要符合两个条件：一是指大型数据集，至少在 100 TB 规模（可随时增加）左右，普通企业的数据总量也可以进入 PB 级（可随时增加），并且是高速、实时的数据流；另一个是指数据来自多种数据源，数据类型复杂，除了传统的结构化数据之外，更大量的数据类型是非结构化和半结构化数据，如邮件、博客、微博、微信等。这两个条件缺一不可，单纯的数据量大而数据类型是传统的结构化的数据，不能称为完全的大数据，单纯的非结构化数据而数据量小也不能称为大数据。大数据的"大"，还在于数据处理所面临的环境也更复杂，对数据库的处理能力提出了更高的要求。

2. 大数据的特点

大数据具有多样化、海量化、快速化、数据价值密度低等特点。其基本特征可以总结为 4V：Variety（种类多）、Volume（规模大）、Velocity（处理速度快）和 Value（价值密度低）。由于大数据的复杂性和不确定性，其结构不适合原本的数据库系统。

（1）种类多。种类多是指数据类型的多样化。过去在对国家项目的普查中发现，金融、电信等行业里常做一些非常简单的数据集，如号码、姓名、性别、年龄、学历、职称等结构化、整齐的数据。现在大量的数据不是结构化的，

而是半结构化的，如微博、网络日志、音频、视频、图片、地理位置信息等多类型的数据。可以说，大数据包括了以事务为代表的结构化数据、以网页为代表的半结构化数据和以视频和语音信息为代表的非结构化等多类数据，它们的处理和分析方式区别很大。

（2）规模大。通过各种智能设备产生了大量的数据，PB 级别可谓是常态，国内大型互联网企业每天的数据量已经接近 TB 级别。到目前为止，人类生产的所有印刷材料的数据量才是 200 PB，而历史上全人类说过的所有的话的数据量大约是 5 EB。

（3）处理速度快。在互联网时代，企业业务需求更新频率加快，有些数据存在时效性，相关大数据的分析和处理模型必须快速地适应新的业务需求。

（4）价值密度低。一方面，存储和计算 PB 级的数据的成本较高，另一方面，在互联网应用中，信息感知无处不在，使信息海量但价值密度远低于传统关系型数据库中已经有的数据。如何结合业务逻辑并通过强大的机器算法来挖掘数据价值，是大数据时代最需要解决的问题。

大数据重要的应用是数据在线，即数据在与产品用户或者客户产生连接的时候会更有意义。

（二）大数据关键技术

大数据技术是一系列收集、存储、管理、处理、分析、共享和可视化技术的集合。根据麦肯锡的研究，适用于大数据的关键技术有三四十项，这里列举几种常用的技术。

1. 遗传算法

遗传算法是一种基于生物自然选择与遗传机理的随机搜索算法，是一种仿生全局优化方法。采用概率化的寻优方法，可自动获取和指导优化的搜索空间，不需要确定的规则，自适应地调整搜索方向。遗传算法因具有隐含并行性、易于和其他模型结合等性质而被应用在数据挖掘中。

2. 神经网络

神经网络是依据生物神经网络结构和运作的原理，模拟动物神经网络行为特征，进行分布式并行信息处理的算法数学模型。神经网络由于本身良好的自组织自适应性、并行处理、分布存储和高度容错等特性非常适合解决数据挖掘的问题，因此近年来越来越受到人们的关注。

3. 数据挖掘

数据挖掘是结合统计数据和机器学习，使用数据库管理等技术从大型数据中集中提取有用信息和知识的技术。根据其他属性的值，预测特定（目标）属性的值，如回归、分类、异常检测等，或寻找概括数据中潜在联系的模式，如关联分析、演化分析、聚类分析、序列模式挖掘等。

4. 数据融合与集成

数据融合与集成是集成和分析来自多个源的数据的方法。其典型应用有：使用来自互联网的传感器数据综合分析，如炼油厂这样的复杂分布式系统的性能；使用社会媒体数据，经过自然语言处理分析，并结合实时销售数据，确定营销活动如何影响顾客的情绪和购买行为等。

5. 机器学习

机器学习研究计算机怎样模拟或实现人类的学习行为，获取新的知识或技能，重新组织已有的知识结构并不断改善自身的性能，该技术是人工智能的核心，是使计算机具有智能的根本途径，自然语言处理是机器学习的一个例子。

6. 情感分析

情感分析是从源文字材料中确定和提取主观信息的自然语言处理和分析方法。分析的主要内容包括识别表达情感的特征、态势或作品。例如，分析社会化媒体（如博客、微博客和社交网络），确定不同客户群和利益相关者对其产品和行为的反应。

7. 网络分析

网络分析是在图或网络中描述离散节点之间特征关系的方法。在社会网络分析中，分析个人在社会或组织之间的联系，如信息如何传播或谁拥有了其中的大部分影响。例如，利用网络分析确定营销目标的关键意见负责人，以及确定企业信息流的瓶颈等。

8. 统计分析

在数据库字段项之间存在两种关系：两数关系和相关关系，对它们的分析可采用统计学方法，即利用统计学原理对数据库中的信息进行分析，可进行常用统计、回归分析、相关分析、差异分析等。

9. 可视化技术

可视化是支持大数据蓬勃发展的重要领域。可视化技术是通过创建图片、图表和动画等，方便人们理解大数据的分析结果。

（三）大数据技术在图书馆信息化建设中的需求

1. 读者需求

伴随着时代的发展，读者的需求呈现多样化发展趋势，除了要求阅读工具更加便捷外，在阅读时间、阅读偏好、阅读频率等方面都发生了很多变化，有效把握读者需求，可以保证图书馆信息服务质量，因而展开大数据分析时，应当对读者需求展开侧重把握。

2. 图书馆管理需求

图书馆内部包括大量图书、资料，类别上有小说、文献资料、工具书等，在采购、分类、借阅、收回等过程中，往往会产生大量的工作任务，为有效简化工作难度，有必要对图书馆内的各类数据展开分析，帮助决策层深入把握图书馆管理方向，以此增强图书馆信息服务的工作效能。

3. 图书馆持续发展需求

科学技术、信息化理念、智能设备、VR 技术等的出现，将会极大地改变图书馆运作方式，信息服务策略也将产生很大的差异，改进图书馆未来发展方向，不仅能有效地构架图书馆运作智能服务体系，还可为读者提供沉浸式、趣味化、便捷化的信息服务平台，有力地激发读者的阅读兴趣。

（四）大数据技术在图书馆信息化建设中的运用

1. 信息源

信息源是大数据的采集来源，主要是对读者与图书馆互动产生的阅读时间、阅读类别、借阅周期、借阅频率等数据展开综合收集工作，采集方向可以是管理员的借阅管理系统，也可以是读者图书证个人信息系统，考虑到信息化背景下，图书馆 App 等层出不穷，因而还可以从后台管理中收集用户的浏览记录、下载类别等，以此对用户数据展开综合收集工作；基于图书馆运作需求，应针对图书管理、人员管理、服务效能等数据展开收集工作，主要包括读者点评数据、图书采购数据、图书损坏数据、人员绩效等，以此综合评价图书馆运作过程出现的人员工作积极性不佳、图书丢失破损、线上平台网络安全等问题，在有针对性地做出改进的同时，也能进一步地为读者提供优质服务；从未来发展来看，图书馆运作有赖于读者的阅读兴趣，因此，应以更加高效、趣味化的手段传递相关知识，收集相关文献资料、改进策略，或是改善图书资料处理技术，能够行之有效地找到图书馆未来化发展资料，因而，为促进图书馆信息服务体系具备更高效能，图书馆改革趋势也可作为信息源。

2.RTL 处理

RTL 处理包括清洗、加载、转换、抽取，可在全方位收集数据的情况下，对杂乱、无效、缺失的数据展开初加工工作，旨在为具体的分析目标提供分析依据。从读者数据来看，可以从凌乱的数据中抽取姓名、单位、阅读记录、阅读时间等完整的数据块，随后清除缺失或是无效数据，最后加载到数据库中，图书馆数据可以根据交易记录、财务报表、人员编制等依据获取，未来发展数据可以以发展趋势等关键词，大范围收集文献资料、科研成果、服务公司等，收集后展开清洗、抽取、转换、加载工作。

3. 数据仓库

数据仓库是按照既定主题组织有关数据，并方便调取的媒介，可以经由RTL 处理的加载工序，将处理后的数据加载到数据仓库中，是大量数据与分析引擎之间的中介，可有效节省分析次数，并能从宏观视角挖掘数据特征。

4. 智能引擎

可以借助 Spider 引擎等，从数据仓库中抽取有关数据，根据后续分析目标，对数据仓库内的信息展开针对性抽取工作。在调查读者行为时，可以是单一地收集浏览图书类别、某类别图书浏览频率、上次浏览类别等，数据粒度更小，方便统筹分析或是展开及时推荐等。

5. 前端整合分析

从数据仓库抽取数据后，可以按照既定目标，对一连串的数据展开整合工作，以更加直观的形式展现数据特征，简单来说，前端整合分析是将精简化、有序化、针对化的数据有效地组织起来，方便导出分析报告或形成管理人员直观观察的报表，是降低人工参与任务量的智能整合阶段。

例如，经由引擎抓取数据仓库中各个类别的图书破损数据，并导入前端整合分析后，就可以将此类数据整合成类别与破损数量相对应的表格，或是折线、条形、扇形统计图。

6.自主分析或智能导出

该阶段是人工处理，或是直接导出图形文件，在该阶段中，操作人员可以直观判断数据特征，汇编报告书，或者将数据特征纳入图书馆信息服务改良计划中，有效支持图书馆信息服务体系完善的工作。

例如，可以自动抓取图书馆相关研究的关键词数据并输出、整合，管理人员就可以评价当下图书馆的改进措施，基于此，管理人员结合自身需要，可以对图书馆做出改进工作，将大幅度改良图书馆信息服务效能。

整体来看，传统图书馆管理办法日益无法满足读者的个性化需求，同时也无法高效运作、适应未来发展，应基于大数据技术背景完善图书馆信息服务体系，结合读者需求以及图书管理、持续发展的要求，间接增强服务质量，在具体应用时，可展开信息源、RTL 处理、数据库、智能分析引擎、前端整合分析、自主分析和智能导出一系列步骤。

二、云计算技术的运用

（一）云计算概念及应用原理

云计算没有确切的概念，从其应用原理来理解，云计算其实是一种基于互联网的分布式计算过程，是将用户的处理请求自动拆分成无数个较小的子程序，透过网络中批量服务器组成的庞大云端进行搜寻、计算分析的过程，以将这种计算结果回传给用户为目的。笔者认为，云计算其实是一种新型计算模型，是一种新兴的以共享为基础的构建方法。

云计算有几个显著的特点。首先，云计算以用户为中心，提供安全、快速、便捷的数据存储和网络服务，使互联网成为每一个用户的数据中心和计算中心，使用户从以桌面为核心使用各项应用转移到以 Web 为核心进行各种活动。通俗来讲，就是说以前各种需要存储的文件，需要依赖于计算机硬件，存储于计算机当中，而云计算的诞生解决了这种依赖效应，可以随时随地将有效信息存储于网络当中，目前较为流行的微云、网盘等其实都是应用了云计算的概念。所以说，云计算提供了可靠的数据存储中心，数据可以自动同步传递，并可通过 Web 在所有的设备上使用，避免了用户将数据存放在个人电脑上而出现的数据丢失或感染病毒等问题。其次，云计算提供了方便、快捷的云服务。在云计算时代，用户不需要安装和升级电脑上的各种应用软件，只需要有网络浏览器就可以方便、快捷地使用云计算提供的各种服务。云计算技术具有强大的计算能力。云计算为网络应用提供了强大的计算能力，能完成普通计算难以达到的各种业务要求。除此之外，云计算服务提供商的存储成本、带宽成本、计算处理成本等加起来也只有机构自身运营数据中心成本的几分之一，这将有助于一些机构以比较低廉的架构进行运作。

（二）云计算基本技术

云计算基本技术包括虚拟化、接入设备的多样化、浏览器和客户端、宽带接入、数据中心和服务器群、存储设备等技术。

1.虚拟化技术

虚拟化是云计算的基础技术平台，它改变着现代数据中心的形态。虚拟化一词是对应用程序以及终端用户的计算资源（CPU、存储、网络、内存、应用程序栈以及数据库）的抽象。基础设施的抽象为资源（基础设施、应用信息）的分散化提供服务，并确保资源池中的资源可以通过标准的方式被任何具有访问权限的人或物访问。

虚拟化技术通过为所有用户提供可扩展的共享资源的平台，实现了云计算的多重租赁的业务模式。从企业的角度来看，虚拟化强化了数据中心并提高了IT运维效率。

云计算支持用户在任意位置使用各种终端来获取应用服务，并依托服务器端的虚拟化技术来实现全部的计算工作。云端的终端虚拟化、存储虚拟化等技术代替用户实际计算机的存储设备和运算设备，将使数据运算变成可共享的公共资源。

2.云计算接入设备的多样化

随着互联网的普及，云计算接入设备的范畴有了很大扩展。接入设备的扩展带来了云计算服务的广泛使用和飞速发展。例如，现在可以通过iPhone使用Skype，这使得点对点网络与用户的距离更加贴近。

3.浏览器和客户端

客户端服务器计算主要通过引用分布式应用程序来区分服务提供者（服务器）和服务请求者（客户端）。不同类型设备的用户现在可以从任何能加载浏览器的地方访问应用程序和信息。客户端应用程序加载到台式机后，可以通过浏览器接口访问企业应用，如SAP和Oracle。

4.宽带接入

云计算的一个关键组件是宽带网络。现在，无线接入也近乎实现了无缝覆盖，从而将移动设备转变成访问云计算以及企业资源的接入点。

5. 数据中心和服务器群

基于云计算的服务需要庞大的计算能力，一般位于数据中心以及服务器群中。这些分布式的数据中心和服务器群分布在多个地域，并可以通过网络连接，采用点对点（P2P）方式组成一个没有中心协调的分布式结构体系，从而能够提供分布式计算以及服务交付能力。

6. 存储设备

不断下降的存储成本，以及部署的灵活性大大改变了存储领域的情况。固定的直接访问存储设备已被存储区域网络所取代，后者降低了开销并且在企业级存储方面有更大的灵活性。存储区域网络软件管理着存储设备的整合，可以在一定数量的设备上实现独立的存储空间分配。

（三）云计算为图书馆带来发展机遇

云计算必将改变数字图书馆的管理模式、服务模式和功能定位。

1. 云存储降低了数字图书馆的管理成本

云计算简化了信息技术架构的实施，即信息技术的应用可以像水、电、煤气等公众服务一样，随时定制、随时取用、按需付费。图书馆内大量的电子资源，不论是自建的，还是购买的，都可以存储在云上，而不再需要镜像在本地存储设备上。云存储化解了电子资源数据剧增与存储空间不足的矛盾，化解了知识信息剧增与图书馆馆藏能力有限的矛盾。云存储提高了电子资源的利用率，构建标准化、低成本的云存储，可以实现资源的共建、共享。

2. 加快资源整合进程

云计算最重要的思想是整合。云计算具备全部的硬件能力，还可以将其存储的数据进行整合和应用。在图书馆系统内，各种资源（如电子资源、馆藏书目数据、自建数据库等）可以被一个云整合在一起构筑信息共享空间，即行业云或区域云，使读者能够享受到更全面、更专业的云服务。

3. 促进泛在图书馆服务的实现

泛在图书馆作为图书馆未来的发展趋势，可以把它理解为一种不受时间和地点限制的获取信息资源服务的图书馆。泛在指出了未来图书馆服务的便捷性和广泛性，而云计算恰恰为这种新兴的图书馆形式奠定了技术基础。云计算整合的对象并不止于计算机，还整合了笔记本电脑、手机、PDA、PSP、iPad 等移动终端，为之提供强大的无线网络功能。随着云技术的深入应用，随时随地获取信息资源将很快就能够实现。

（四）云计算在图书馆中的运用

云计算在图书馆中的运用主要体现在三方面：利用云存储功能进行服务系统建设，利用云检索功能进行图书采购，利用数据共享构建图书馆联盟。

首先，在图书馆数字服务系统建设中，存在硬件设备更新快、花费高、维护成本高的问题。具体来说，就是由于基础数据的不断增加，图书馆的服务器、网络设备常需要更新。而每次更新时，新老服务器数据都会迁移，确保数据无误，是非常重要的一项工作。一些中小型图书馆，受人员数量、技术力量的限制，没有能力及时解决硬件设备维护中遇到的专业性很强的技术问题，在数据迁移过程中常常出现问题。因此，使用云计算中的存储功能架构图书馆的基础设施不失为一种选择。云计算中的存储优势，是将海量数据通过互联网提供给用户使用。用户只需要通过客户端的浏览器软件实现应用需求，这一特点使个人计算机能以最小化的性能完成最大化的功能。相对于某个图书馆自身运营的数据中心而言，云计算技术服务提供商的存储成本一般只有其十分之一，而带宽成本只有二分之一，计算处理能力成本只有三分之一。一个云计算服务提供商可以为多个高校图书馆提供服务，这将帮助一些图书馆以较低架构成本进行基础设施运作，数据中心提供给用户的服务器不是真正的物理服务器，而是虚拟服务器。

其次，图书馆采购工作一直是图书馆众多工作内容中非常烦琐的一项。一个城市的公共图书馆在采购图书时会根据本市读者的需求定制各类图书。这项工作一般由图书馆的采访中心来负责，采访中心往往通过大量的调查，并以周边城市图书馆的书目以及书商提供的书单为参考依据，在此基础上加以整理、罗列、分析，确定最终引进的书目种类。城市图书馆的工作如此，高校图书馆的工作也是如此，高校图书馆不仅需要考虑大众读者的需求，还要结合学校各个学科和研究学者的需求进行采购。这种采购方式一直是我国各城市图书馆和高校图书馆所沿用的传统模式，但是这种采购方式的弊端显而易见，就是需要花费大量的人力、物力和财力。在云计算模式下，这种现象将得到改变。云计算可根据图书馆读者借阅频率、阅览室使用时间、关键词搜索频次等进行数据分析，得出反映本校图书馆读者阅读特征的一个大数据，从而根据读者阅读特点进行书目的采购和引进。

最后，在云端，有数以万计的计算机相连接，在知识飞速积累的今天，自身的资源再丰富也不可能达到绝对的完备，这就需要资源的共享，资源共享能够提高资源利用效率，使资源发挥更大的作用。通过云计算，各个地区不同领域的图书馆可以建立共同的存储资源空间，形成一个共同的储存中心，这样每个图书馆就都可以使用超出自己数倍的资源，最大限度地发挥资源的作用。

（五）图书馆云未来

1. 图书馆需要的云

OCLC 云的到来，意味着图书馆云计算已经开始，但是，OCLC 云只是一朵"私有云"，还不是人们所希望的那朵"公有云"。图书馆的 IT 架构和应用要完全进入云服务时代，还需要相当长的时间去发展和推进，而且需要 IT 部门、IT 产业、图书馆以及热心用户等多股力量的智慧来协同完成。

未来图书馆云平台，就是要利用云技术，把数字化资源通过移动终端设备展现给任何地方的用户，实现海量的数字浏览、阅读、下载等服务，使用户能够在任意时间、任意地点、任意终端实现以上需求。

图书馆既是云计算的使用者和受益者，也是云服务的开发者和提供者。前者是作为一个体验用户，后者是作为服务供应商。目前可以肯定的是，所有的云服务都可以在图书馆领域得到发展和应用。图书馆的具体云服务如下。

（1）软件服务：指各种软件应用，如图书馆自动化集成系统、办公自动化管理系统、数据库建设系统、网站管理系统等，都可以网络服务的形式提供给用户。

（2）存储服务：指各种数字资源，包括图书馆自建的数字资源，都可以放在云端上，不再需要做本地镜像。

（3）数据服务：中心图书馆作为云服务的供应商，提供本地数据或者其他业务的服务。

（4）平台服务：引入云基础设施，利用云计算解决方案，搭建私有云，满足本地或局部应用。

（5）网络整合服务：图书馆作为服务供应商，理应整合多家图书馆的云平台和资源，实现不同云之间的操作与共享，为用户提供更全面的服务。

2. 图书馆云未来

云的迅速发展，将带来图书馆的重大变革。未来大多数图书馆将无须配备庞大的机房设施，图书馆的所有业务、资源服务、资源建设等系统都可以通过云来实现。所以在未来，图书馆将不再需要配备各种复杂的系统，如自动化集成系统，只需让少数的、大型的、肩负重任的中心图书馆来提供云服务，大多数图书馆都将是云的使用者。

未来，图书馆的所有资源都放在云上，图书馆利用云平台，进行数字资源的整合，包括馆际互借、资源共享等都通过云来实现，整个图书馆行业就是一片"云海"。

三、人工智能技术的运用

人工智能模拟人脑，具有收集信息、储存信息及推理的能力等。它可以划分成很多系统，其中应用较广泛的是专家系统，简单而言就是在图书馆的管理计算机程序中加入新的智能化程序，来帮助使用者解决复杂的问题。

（一）文献分类

图书馆的管理资源丰富而繁杂，利用人工智能技术可以实现自动化图书分类。目前，人工智能技术在文献分类中主要应用于资料的分类、书籍的分类等。文献资料的分类使用的是数学中的模式，计算出文献之间相类似的程度，再利用人工智能技术进行归类划分处理。而评价使用的是人工评价，再利用智能系统将所得评价结果输入知识库。最后再将文献资料进行一次分类，并调整它的类似阈值。书籍的智能系统应用主要有知识和控制、语言的理解等子系统。通过关联人工智能技术的专用语言，使用者在查询时即可使用关联词、同义词等快速查询，人工智能技术的使用提升了整个系统的操作性能。

（二）导视

导视系统的主要作用是为使用者传递信息，但是传统的导视系统过于单一，只考虑到了一部分使用人群，没有发挥出为使用者提供找寻方向的功能。但是人工智能的发展为导视系统增加了更多的可能性，交互手段的兴起，使人们步入虚拟世界。通过手机 App 进行定位，找到目标位置，这样的操作更加具有灵活性。

比如，AR 技术可将现实和虚拟影像相融合，给使用者带来沉浸式的体验感受。首先，导视牌可以换成可触屏操作的交互界面，界面显示各个楼层的功能分布，一目了然。其次，不同类别的书籍刊物用不同的颜色进行划分，使用者可以滑动及点击楼层区域拉开子页面，显示更加详细的书籍信息。在交互界面上，使用者可自行进行搜索，确定所要到达的目的地，并显示使用者可参考的路线。

使用人工智能技术中的交互系统可以让使用者得到更人性化的服务，节约时间，也可以大大节约图书馆的人力物力成本，使图书馆的管理更加高效。

（三）自动化

除了导视系统的应用，人工智能技术还可以应用于自动导向车系统。汽车制造技术可以为图书馆提供搬运功能。传统的图书归位和新图书的分类需要人工操作，在寻找书籍分类的过程中增加了人工的时间成本，同时在搬运的过程中增加了人工负担。而汽车搬运的应用可以减少人力成本，但在寻找书籍分类位置的过程中也需要时间，人工智能技术可以设定智能汽车的定位，让汽车可以快速地查询并以最短的路线到达指定的位置。但是，设置时不需要设定汽车固定的起始位置，这样可以方便智能汽车多点出发和到达，对汽车进行精准定位，快速有效地完成图书的搬运和整理工作。

在商场买一杯奶茶可以通过手机 App 直接下单，稍后自取，这一操作大大减少了等待的时间，也更加方便快捷。而去图书馆借书的人，需要到图书馆，通过图书馆的管理系统查询有没有自己需要的书籍，这样就增加了用户的时间成本，如果用户可以通过在家定位查询图书馆书籍，再通过自助预订下单，到馆时自取，就可以避免时间的浪费。现在，很多图书馆也开始变得智能化，用户可以在馆内使用电脑查询和浏览资料，也可以自助借书和还书，已经节约了很多人力成本。在这个知识付费的时代，人工智能技术在图书馆领域的应用还有很大的空间，智能技术的使用不仅可以为广大读者带来更人性化的服务，也提高了图书馆的管理效率。

第六章 现代图书馆信息化的应用——数字图书馆

数字图书馆已经成为现代图书馆信息化应用中的重要一员，数字图书馆的建设要有一定的标准与规范，建设中要提高服务意识，发挥数字图书馆与地区智库建设的协同优势，使数字图书馆在现代化信息服务中体现出应用价值。本章分为数字图书馆的发展历史、数字图书馆建设的标准与规范、数字图书馆建设与地方智库建设的协同分析三个部分。主要包括数字图书馆的定义、特点、功能、产生背景，数字图书馆建设中信息系统、数字内容、数字对象描述创建的标准与规范，数字图书馆与智库建设的关系，数字图书馆与地方智库建设协同发展的模式及途径等内容。

第一节 数字图书馆的发展历史

一、数字图书馆的功能

（一）数字图书馆的定义

数字图书馆究竟是什么？目前，国内外关于数字图书馆的定义有近百种，没有形成一致的见解，在此列举几个较有代表性的定义。

数字图书馆是一个分布式的信息环境，其相关技术使得创建、传播、处理、存储、整合和利用信息的难度大幅降低。

数字图书馆是一系列的信息资源，以及相关的将这些资源组织起来的技术手段，如创建、检索、利用信息的技术。涵盖了现有分布式网络中所有数字媒体类型（文本、图像、声音、动态图像等）的存储和检索系统。

数字图书馆是分布式计算机网络环境中信息资源的主要形式，提供国家信息基础设施和关键性的管理技术，并提供其主要的信息资源库。

比照各家说法，数字图书馆大体可概括为：它是建立于计算机网络技术上的数据库信息系统，它的组织方式是一个互联化网状结构；它使用新的存储技术，存储信息用电磁介质，按二进制编码的方法加以存储和管理，各种文献载体将被数字化，可以存储和管理海量数据；馆藏不局限于本馆或一地文献，没有时空的局限；在检索模式上是以全文检索、多种媒介、多种语言为特征的；它的服务模式是以用户为主，有一个统一的用户界面和参考咨询系统。

虽然对数字图书馆我们不能给出一个规范的、权威的定义，但是，从不同的定义中，我们却可以发现一些共同点，即数字图书馆必须具有的本质性的特征。首先是数字化资源。数字图书馆可以说是海量数据的存储管理区，大量的数字化资源是数字图书馆的"物质"基础。其次是网络化存取。数字图书馆依赖于网络而存在，它的各项业务主张和服务方式都以网络为工具或载体。最后是分布式管理。它意味着全球数字图书馆遵循统一的访问协议，可以实现真正意义上的资源共享。数字图书馆可以有许多不同的表现形式，但是，从根本上看，它就是利用网络设施将数字化的信息资源，通过多种检索途径快速、有效地提供给用户的一种全新的图书馆形态。

从目前情况来看，美国的互联网研究在世界上还处于领先地位，其在数字图书馆方面的研究很有借鉴意义。他们认为，数字图书馆研究实际上是研究网络信息系统与一般意义的网络信息系统，不同的是，数字图书馆与以因特网环境为代表的分布环境密不可分，需要解决的关键性技术问题是跨越大的信息资源集搜索并显示所需信息，研究的核心是开发能够有效地大规模地处理网络上信息的必要结构。美国密执安大学的研究人员给数字图书馆下的定义是这样的：一个数字图书馆是若干个联合结构的总称，它使人们能够智能地、物理地存取巨大的且不断增长的全球网络上以多媒体编码的信息。美国研究图书馆学会归纳出的数字图书馆的五个定义要素与之基本一致，具体如下：

（1）数字图书馆不是一个单一实体；

（2）数字图书馆需要使用技术来连接众多资源；

（3）对最终用户而言，多个数字图书馆和信息服务之间的链接是透明的；

（4）广泛地存取数字图书馆和信息是一个目标；

（5）数字图书馆馆藏并不局限于替代文献，其范围扩展至不能以印刷形式表达和分发的数字人工制品。

（二）数字图书馆的功能

1.各种载体的数字化

世界历史发展到现今，有许多文化遗产需要保护，许多记录人类社会历史的珍本需要进行数字化保存。今天，这些都可用扫描仪进行数字化处理，若是彩色图像，还可用数字照相技术，实现对高分辨率彩色图像的获取。

由于二十世纪七八十年代缩微技术的发展，不少重要文献已制成缩微制品，包括缩微胶卷和缩微平片等，可利用计算机和相关设备将这些资料数字化。

对于录音、录像、电影胶卷、胶片唱片等可采用各个公司提供的带压缩技术来处理。目前，主要采用三种压缩标准即 MPEG（MPEG-1 和 MPEG-2）、DVI 和 H.261。选择较优秀的工具，经过压缩的视频信息仍然是极其逼真的。

总之，新创建的各种数字信息，可以用各个成熟产品进行多种写作、识别、压缩和转化来录入。

2.数据的存储和管理

当前，数字化图书馆大多数采用客户机/服务器的模式，客户、图书馆服务器和对象服务器构成信息传递的核心结构。图书馆服务器主要管理数据的目录、索引和查询，而对象服务器用于管理数字化的对象（各种类型载体的原文献），当对象数据直接到达客户的时候，就实现了图书馆对象数据的传送。

总之，数字图书馆很关键的问题是采用电子技术来存储和管理大量的数字化信息。系统提供给用户的是简单而且友好的界面，用户无须考虑信息存放在哪个图书馆，可以直接从办公室、家或其他任何地方便捷地访问任何所需的信息。

3.组织有效的访问和查询

更有效的文本数据库查询技术和多媒体资料的查询策略也是数字图书馆的重要技术。文本类型的文件检索，即传统的基于关键字索引，以及标准的基于布尔代数的查询已经不能适应网络的发展，目前在网上已出现了快速全文检索软件。一种概念空间检索模型出现，文件都以词集以及它们的权重来索引，用户可按自然语言方式输入查询命令，系统将自动抽取关键词，进行概念匹配，进而与文件的索引信息进行相似性比较，按相似性的高低列出查询结果。现在，基于 HTML 语言的回溯和超链接的浏览功能，也使用户们能便捷地查看各个查询结果。其他研究中的新技术都是为了扩大查询范围，使查询更方便、更可靠、更准确、更全面。它们都可应用于对数字图书馆资料的查询。

二、数字图书馆产生的背景

（一）数字图书馆产生的内在因素

数字图书馆产生的内在因素之一是印刷型文献的保存问题。传统印刷型文献存在着变质和自然老化等弱点，加上各种自然灾害和人为损坏，印刷型文献面临着危机和损失，必须利用现代技术将图书馆保存的书刊资料进行数字化。数字图书馆产生的内在因素之二是文献信息的利用问题。图书馆存在的目的是为用户服务，但长期以来，信息服务的层次较低、手段落后，图书馆必须实现数字化才能使信息传递更快捷、更方便，服务内容更具时效性和针对性，以满足社会化需求。

（二）数字图书馆产生的外在因素

1. 文献信息资源的剧增

20世纪90年代以来，出版物的数量在不断增长，各种数据库的数量也在迅速增加，容量不断扩大，种类也趋于多样化。光盘出版物作为单独发行的电子信息资源的主流，内容丰富、种类繁多，具有多媒体功能。但这些信息利用效率不高、重复严重，因此有必要利用现代信息技术进行管理。

2. 信息高速公路的建设和因特网的发展

20世纪70年代，图书馆逐步利用计算机进行日常管理；20世80年代末，图书馆自动化系统逐步得到了应用，这大大提高了图书馆的工作效率，但由于受地域的影响，其资源的利用范围很小，在资源共享、远程检索等方面还存在着许多问题。随着信息高速公路的建设和因特网的发展，数字图书馆应运而生。高速的数字通信网络是数字图书馆存在的基础，只有网络进一步发展，才能发挥数字图书馆的作用。分布式管理是数字图书馆发展的高级阶段，它意味着通过因特网可以把全球的数字化资源连为一体。

3. 数字化技术的发展

图书馆数字化技术的直接动因主要有两个：一是信息载体的数字化；二是信息传播的网络化。数字技术是实现数字图书馆的支撑技术，信息要在网络上传输，必须先把各种形式的信息数字化，并加以编辑、加工、组织、存储，再运用数字传输技术加以传递，并在需要时将这些数字化信息再还原。

（三）数字图书馆发展的社会背景

1. 社会信息化发展的必然产物

在现代社会中，信息资源成为战略资源，信息产业的迅速发展，为图书馆发展提供了良好的机遇。数字图书馆实际上就是伴随着网络的迅速发展而产生的，它体现了数字化社会对信息共享和信息开放的根本要求，是社会信息化发展的必然产物。数字图书馆建设使人类社会信息资源的共享达到一定的高度，为文化传播打开了一扇新的大门。如同工业经济离不开交通和能源一样，数字图书馆也是高科技经济的基础设施和必要条件，数字图书馆所收藏的各类信息对于知识经济发展的整个过程都是必不可少的。数字图书馆凭借高新技术可以快速地传播文化知识，从而不断推动全民族文化素质的提高，促进社会的进步和发展。

2. 评价一个国家信息基础水平的重要标志

自从1993年美国国会图书馆与因特网连接，宣布它将迈向数字化时代以来，世界各国都开始把图书馆列为信息高速公路的重要组成部分，纷纷加强对数字图书馆的研究。1993年美国提出国家信息基础结构（NII）行动计划，继而又提出建设全球信息基础设施（GII）的主张，将信息高速公路建设置于美国技术政策和产业政策的核心位置，在世界范围内引起了强烈反响。一方面，互联网的信息资源作为NII的五大要素之一，与具有大量信息资源的数字图书馆关系密切，而且数字图书馆是NII的重要应用信息系统，为信息高速公路建设所需技术奠定了数字图书馆建设的技术基础；另一方面，数字图书馆的目的之一是使用户能够通过网络联机存取图书馆的信息资源，因特网的推广和普及为数字图书馆提供了现实的网络环境。

3. 新时代全球文化竞争的焦点之一

在网络时代，谁最先掌握了技术和资源库，谁就掌握了先机。数字信息资源的网上交流具有先天的优势，它拥有一个非常庞大的潜在受众群体。这种竞争既是科学技术的竞争，也是文化和意识形态的竞争，更是知识经济时代的市场竞争。因此，大力加强数字图书馆建设，其意义和影响将是深远的，它是参与国际竞争的坚实的文化保障系统，而且为国家创新体系的建立提供了充足的信息流通环境。中国数字图书馆在激烈的网络文化竞争中，为弘扬中华民族优秀文化，将中国文化推向世界发挥着积极的推动作用。数字图书馆建设工程对于力争在未来的全球性竞争中取得主动权具有重要的社会和经济意义。

4.带动相关行业的发展

数字图书馆工程不仅是高科技项目，也是跨部门、跨行业的大文化工程。在 1995 年美国政府蓝皮书中，数字图书馆被认为是国家级挑战，被置于国家信息基础设施的高度上通盘考虑。这种政策上的倾斜引起了美国科学界、产业界的高度重视，也带动了许多行业在资金上的投入。数字图书馆工程的启动必将带动相关产业，特别是信息产业和文化产业的蓬勃发展，并通过知识的有效传播，最终关联到各行各业，从而产生巨大的经济效益和社会效益。

三、数字图书馆发展阶段

（一）早期探索积累阶段

数字图书馆的构想最早可以追溯到 1945 年，美国著名的科学技术管理学家万尼瓦尔·布什（Vannevar Bush）产生的影响最为深远。1945 年 1 月布什在《大西洋月刊》上发表《诚如我们想象的那样》（*As We May Think*）的论文。文中他首次提出将传统的图书馆馆藏文献的储存、查找机制与计算机结合起来，构想并描述了一种 Memex 装备，它是一个机械化的个人文档与图书馆，即台式个人文献工作系统，能存储，检索所有的书、记录及通信。这一构想的提出被视作包括今天的数字图书馆在内的图书情报学理论与实践的发端。1982 年，美国国会图书馆开始研究用光盘存储馆藏，这是文献数字化的前奏。美国人道林（Dowlin）首次对电子图书馆这一概念给出明确定义：所谓电子图书馆是一个提供存取信息的最大可能性并使用电子技术增加和管理信息资源的机构。1989年《网络就是图书馆》一文中指出：理想的电子图书馆并非一个存储一切信息的单个实体，它通过网络提供系列化的收藏和服务。1992 年大英图书馆外借部计算机与数据通信工作组负责人哈利（Harley）把虚拟图书馆定义为：利用电子网络远程获取信息与知识的一种方式。

在这一阶段，数字图书馆的建设主要以文献的数字化加工及数字信息资源的采集为核心，所选择的数字化加工对象多具有特殊的价值，技术上侧重于对所选择的文献信息进行数字化转换，对所需要的数字信息资源进行采集，对形成的数字资源进行组织，并提供对特定资源的检索与传递。其共同特点是以保存为目的，选择反映本国历史与文化遗产的精品文献进行较大规模的数字化加工，并对其进行组织，同时提供互联网检索与阅览，形成关于本国文化与历史的数字信息资源系统。

1998 年，中国国家图书馆开始对国外数字图书馆研发进展进行跟踪，并以馆藏资源数字化加工为突破口，当年完成了 300 多万页（约 5 000 册图书）馆藏文献的数字化加工，连同 500 万条书目数据一并上网提供读者服务。全国有许多图书馆等文献信息机构也相继开展了馆藏文献的数字化加工工作。比较突出的有上海图书馆对馆藏古籍、民国图书、地方文献、科技报告、中外期刊、音像资料、历史照片等文献的数字化，北京大学图书馆对馆藏古籍拓片的数字化，以及清华大学建设的建筑数字图书馆等。

（二）核心技术发展阶段

数字资源的原始积累阶段为日后数字图书馆科学、规范地开展数字资源建设提供了经验并奠定了良好的基础。但面对数字图书馆资源数量的不断增长，数字图书馆又面临着处理海量信息的技术问题。早期的文献数字化多为简单扫描并以数字图片的形式存储在各类型存储介质上，但在信息技术高度发达的今天，用户迫切需要一个具有实用性的信息系统，支持数字资源的生成、组织、检索、保存与发布。

从 20 世纪 80 年代末开始，美国一些大学和知名公司就对开发大型的图书馆自动管理系统进行了研究。这一阶段的数字图书馆建设以计算机网络通信技术和信息处理技术为基础，围绕数字图书馆体系结构、海量数字资源的存储与检索、数字资源的发布与服务、多媒体和异构资源的整合处理、大规模访问控制等核心技术问题进行研发，搭建实验系统，以期在各个领域建立相对成熟的解决方案，并逐步推广应用于其他数字图书馆建设实践。

中国试验型数字式图书馆是国家重点科技项目，在 1996 年由国家计委立项，组长单位为国家图书馆，联合上海图书馆、深圳图书馆、广东中山图书馆、辽宁省图书馆、南京图书馆、广西桂林图书馆等单位共同参与，于 2001 年 5 月完成鉴定验收。该项目创建了一个多馆合作的网络内容资源建设和共享体系，实现了一个基于分布环境的、以藏品建设为基础的数字图书馆应用系统，从功能上覆盖了对内容资源的采集加工、处理、储藏组织、管理调度、资源发布、用户利用等全过程，并支持分布式网络环境下多馆合作资源共建共享的模式，创建开发了数字资源加工系统、调度系统、资源发布系统和用户界面等，完成了 900 GB 多媒体资源的建设与发布，在因特网环境下实现了资源的深层次标引、分布式资源库的跨库连接和无缝查询。该项目的研究成果为我国进行大规模数字图书馆建设做了必要的技术准备，取得了重要的实践经验。

在这一阶段国内外数字图书馆相关技术都得到了飞速发展，在分布式系统结构、异构资源检索、数字资源长期保存、互操作、智能代理技术、个性化机制、版权保护与管理等方面都做了相当广泛而深入的技术探索，而国内特别是针对中文信息资源处理的相关技术研发也取得了重要进展。

（三）服务的集成应用阶段

随着数字图书馆理论研究与实践的不断推进，以及资源的不断积累和技术解决方案的日益成熟，人们对数字图书馆系统如何实现提供高效率、高效益的服务变得越来越关注。数字图书馆建设进入以各类型集成服务系统建设为核心的第三个阶段。

在这一阶段，数字图书馆建设的重心已经开始逐步向用户界面的设计及其功能实现方面转移，更多强调知识发现与知识交流，并试图构建以数字图书馆为核心的知识网络。而且，与资源建设阶段和技术攻关阶段对服务的关注有所不同，这一阶段的服务研究，更加注重系统功能的集成，致力于在某种程度上提供给用户一个相对完整的信息体验。其建设成果主要以各类型数字图书馆集成信息服务系统为代表，包括英国国家学习网格、中国科学院国家科学数字图书馆和中国高等教育数字图书馆等。

第二节　数字图书馆建设的标准与规范

一、数字信息系统的标准规范

面对分布、异构、变化和开放的数字信息资源与服务环境，各类数字信息系统需要建立自己的标准与规范描述体系，按照统一的原则、框架和基本方式，规定应遵循的各个层次的标准与规范，从而在整个数字信息环境中有效使用、广泛获取和长期保存信息。

（一）数字信息资源建设的标准规范

该规范对数字信息资源所涉及的数字化加工、资源描述、资源组织、资源互操作和资源服务等方面的标准、规范及其应用要求进行系统描述，主要集中在图书馆、博物馆、档案馆等领域。有些描述体系面向更大的环境，对整个数字信息服务涉及的通信、系统、资源、安全、管理、知识产权、服务、运营等多方面的标准与规范进行系统描述。

（二）涉及数字信息资源建设某一方面的标准规范

该规范是对数字信息资源的描述、组织的标准与规范及其应用要求进行规定，这些体系涉及领域广泛，包括数字图书馆、专业信息服务、科学数据、电子政务等，如美国国会图书馆数字资源检索与操作规范体系、OhioLink 多媒体资源标准体系、加州数字图书馆数字图像标准、加州数字图书馆元数据与编码标准、美国 NSDL 元数据标准体系、联合国粮农组织（UNFAO）农业信息资源检索元数据框架、CEN/ISSS 元数据体系、INDECS 数字知识产权元数据框架、英国电子政府体系元数据框架、加拿大政府信息元数据框架等。

在此主要针对第一类描述体系展开分析，在这类体系中，一般都根据自己的目的和覆盖范围，将数字资源或系统涉及的标准规范分为多个层次，形成整体结构体系。

数字信息资源建设涉及的标准规范分为内容创建、描述、组织、管理、服务、长期保存和项目建设等。

二、数字内容创建的标准规范

数字内容包括将传统的图书、图片、音像制品数字化形成的数字对象，以及直接的数字文本、数字摄像、录音文件。数字内容创建的标准规范主要涉及内容编码、内容数据格式、内容对象标识等方面。

（一）内容编码

内容编码包括数据内容的计算机编码形式和标记形式。国际基本编码标准包括 ISO/IEC 10646/UNICODE。根据我国汉字编码的特点，主要标准有 GB 2312-1980、GB 1300-1993 和 GB 18030-2000。在标准编码的基础上，还有特殊信息编码，涉及数学符号和公式、化学符号、矢量信息、地理坐标等编码。此外，还有数据文献结构编码标准，即如何定义文献的结构，普遍采用 XML DTD/XML Schema。

（二）内容数据格式

数据格式涉及文本、图像、音频、视频、多媒体等数据的标准格式。文本文件描述主要采用 HTML、XHTML、XML 和 XML Schema，有些特殊领域采用特殊的标准，例如，数学和工程计算领域采用 TexLaTeX 格式。图像文件的主要标准有 TIFF、JPEG、PDF 和 GIP，由于 PDF 并不是开放格式，有些描述体系规定采用 PDF 时要建立开放数据迁移以保证 PDF 数据转换为开放格式数据，对于纯黑白文本，也可以使用 CIF 格式扫描为文本图像。视频数据一般选用 MPEG 格式，另外也有 Apple Quicktime 和 MS Real Video 等专用格式，由于视频格式都存在压缩，因此数字视频数据的保存格式多采用数字录像格式，如 DV、DVCam、DVCPro、digiBela。音频的数据格式除常用的 MP3 外，还有 WAV、Apple Quicktime 等，与视频情况类似，音频数据的保存格式采用数字录音格式，如 CD-Audio、DAT、AIFF 等。矢量数据标准格式主要有 SVG。

（三）内容对象标识

内容对象标识规范涉及对数字对象的唯一标识符。实现唯一标识需要完整的数字对象唯一标识机制，包括：命名域，定义所标识对象的类别和范围；唯一标识符，即命名域的具体表现形式；命名机构；命名登记机构；地址解析系统。因特网中数字对象标识基准是 URI 命名机制。目前比较流行的数字对象唯一标识符体系结构包括 CNRI/Handle、DOI、SICI、BI-CI、PII 等。

对数字内容对象比较普遍的规定包括：数字对象必须按照规范的命名体系用一个唯一标识符予以命名，标识符本身应是逻辑的、不与物理地址绑定的，但是可以通过标识符解析系统转换为对应的物理地址；数字内容对象命名所采用的命名体系规则是公开和明确界定的，命名体系应遵从 IEFT/URI 体系，应尽量采用标准或通用的标识符命名体系；提供数字对象的资源系统应该能接受以唯一标识符形式提供的指令，并将唯一标识符准确地解析为自己的内部标识；如果资源系统因技术原因不能加入或建立公共命名体系及其解析机制，应建立内部数字对象标识规则，使其他系统能够利用这些规则来标识相应的数字对象；作为大范围数字信息服务系统，需要考虑多个唯一标识符系统的互操作；许多数字对象可能由多个数字对象组成或者是动态组成，它们的连接和复用往往需要通过标识机制来支持。

三、关于数字对象描述（元数据）的标准规范

元数据作为描述数字对象的数据，是所有数字信息资源建设项目的重要基础，因此需要规定描述数字对象的原则和基本方法，或者在具体范围内规定实际应用的元数据标准与规范。

（一）元数据标准

元数据是描述数据的数据，在不同的领域有相应的元数据标准。在网络资源领域内，标准包括 Dublin Core、IAFA Template；在文献资料领域，主要有 MARC、EL Header 和 ONIX；在数字图像领域，有 MOA2 Metadata、CDL metadata、AF core 等；在连续图像领域，有 MPEG7、MPEC21 等。

在开放的网络环境中，对信息系统各层次内容进行定义和描述是一个动态和涉及全局的问题，元数据标准规范的发展趋势之一是开放元数据机制。

描述体系的一个重要任务是规定或推荐具体的元数据标准。一些描述体系会根据不同资源类型规定不同的格式。另一些会按照统一的检索和交换需要来规定统一的核心格式及其扩展方式。还有一些则只是制定元数据格式选择原则，并不具体规定元数据格式。部分描述体系允许使用多种元数据格式，根据不同的资源类型推荐多个格式。许多描述体系或系统推荐使用一种元数据格式作为核心格式，允许在核心格式基础上按规范方式进行扩展。有的描述体系在不具体规定元数据格式，或在推荐一种核心元数据格式时，也可能对具体领域或资源类型的元数据提出不同要求。

（二）内容主题描述语言标准

描述数字对象的元数据中都有内容主题描述元素，描述体系都要求使用规范主题词表来标引主题，以保证主题描述的规范性和一致性。

一般来说，覆盖范围内的描述体系没有具体规定必须采用的标引词表，只是要求在描述数字对象时采用对应学科领域的标准词表。但它们也可能对特定类别的数字资源主题描述提出应采用的词表。部分描述体系根据不同主题领域或不同资源类型推荐或规定了多种词表。部分描述体系规定在自己覆盖范围内采用统一的主题词表。值得注意的是 INDECS 元数据体系，系统分析了电子商务中知识产权保护所涉及的实体及相互关系，并在此基础上建立了元数据词典，明确定义了每个实体名称及其语义、实体间各种关系名称及其语义。这些名称可以用在描述知识产权交易对象、知识产品、交易文件、交易过程等各种元数据格式中，但它们都应该遵循由该词典定义的名称和语义，从而促进相关元数据的互操作。从一定意义上，这个关系体系已经建立了一种概念基础。

实际上，创建和应用元数据的目的多元化导致存在多种元数据格式，很难有任何一种格式能够满足所有需要。为此许多领域已开始探索建设开放元数据体系，通过规范的元数据继承、复用、扩展和转换机制来利用已有元数据，同时支持不同元数据间的转换。

（三）资源组织描述的标准规范

数字对象按照一定的主题、资源类型、用户范围、生成过程、使用管理范围等因素被组织在一起，就形成了资源集合，在这个组织过程中，不同层次包含相应的标准规范。例如：在数据描述方面，NSDL 规定参与其项目的资源都采用 DC 来描述资源集合，CDL 要求自己范围内的资源集合采用 EAD 进行描述；在管理机制方面，包括 PICS、ODRL 和 XACL 等；在过程规范方面，有 RLG/DLF、IMLS、CCOP 等。

（四）数字资源系统服务标准规范

1. 系统服务的标准规范层次

数字信息系统服务涉及多个层次，粗略地可分为：接入条件，即用户要接入系统所必须具备的技术条件；数据传输条件，即用户要与系统交换数据内容所必须具备的技术条件；数据检索条件，即用户要对系统数据内容进行检索所必须具备的条件；数据应用条件，即用户要利用系统提供的数据内容所必须具备的技术与管理条件。

这里的用户包括第三方系统。而且，对于更加复杂的系统，还可能涉及其他的技术与管理条件。当然，系统服务的标准规范主要是关心系统间的互操作，并不排斥甚至允许任何系统在本地服务中采用自己的特殊方法与机制（从而支持自主系统），关键在于信息系统在与外界交互时采用标准的服务机制。

2. 接入条件和传输条件的标准规范

用户服务接入条件的基本规范属于 W3C Web Accessibility Initiative 的范围，WAI 提供了一系列的建议和参考规范，以保障用户能方便地获取系统服务。根据 WAI 的建议，许多描述体系提出了接入条件的具体标准，例如，NOF 要求所有资源都应通过支持 HTTP 协议和 HTML 语言的通用 Web，用浏览器来读取，而且应能采用 WAI 建议的方式来保障残疾人的使用（如提供纯文本版）。如果系统服务需要使用其他通信协议，系统应提供 Web、浏览器（实际上是 HTTP 协议）与这些协议的接口。如果系统服务要用到额外的插件，系统应保证没有这些插件的用户仍然能使用相应的服务（作为补救措施，系统可提供获取相应插件的链接或登记服务系统）。

数据传输条件主要涉及所传输的数据内容是否能用标准语言和格式封装，封装后的数据文件是否通过标准网络协议传输，所传输的数据文件是否能被通用浏览器解读。

3. 检索条件的标准规范

检索是数字图书馆服务的基本形式，也是制约数字图书馆系统互操作的主要因素。目前，多数描述体系除了要求提供基于 HTTP/HTML 的检索机制外，没有进一步规定更为详细的检索机制。但是，HTTP/HTML 检索机制在支持异构系统的丰富检索功能和分布系统的集成检索方面受到较大制约，所以多种分布环境下异构系统检索机制不断被提出来，有些甚至在相当大的范围内得到应用。

4.数据应用条件的标准规范

数据应用条件主要涉及用户系统能否方便有效地使用所检索的数据内容，可以通过采用标准数据格式在一定程度上解决这个问题。但是许多数据内容（如GIS 数据、计算数据、统计数据、虚拟现实数据等）由于产生方式、内容构成、用途和管理要求等方面的原因，往往要求有必要的软件模块（可表现为浏览器插件）来进行处理。为了支持通用用户系统（如通用浏览器）对这类数据内容的方便处理，有关系统正探索多种方式，包括建立共享插件登记系统和在元数据中描述所需系统软件及其链接信息，使得用户可以在调用使用数据对象时可调用相应的处理软件。不过，数字图书馆领域目前对此还没有成熟的解决方案，但 W3C 等机构正探索用 XML 开放标记语言来描述这些复杂的数据内容。

5.分布数字对象机制的标准规范

面对开放和分布广泛的数字信息服务环境，数字图书馆界一直在探索基于分布对象机制的数字图书馆体系，将各种数字资源系统或服务系统视为一个数字对象，建立标准的界面定义机制，对它们的界面、功能、数据流、传输协议等进行规范描述，然后通过开放的搜寻和调用机制来实现对分布、异构和变化的数字信息系统的发现、调用和配置。最初的努力倾向于建立在 CORBA、J2EE、DCOM 等方式上，但现在的趋势正走向 Web Servia 方式，利用 XML对数字信息系统进行规范描述，利用登记系统实现这些描述信息的公共登记和开放搜寻，通过开放协议支持基于规范描述的信息系统调用、配置和利用。正在建立的这方面的标准规范包括 WSDL、WSFL、UDDI 等。数字图书馆界已经提出开放数字图书馆的概念，可以通过 Web Services 机制来更灵活地实现各种数字信息系统的方便和智能的互操作，保障各种系统在整个网络空间的可使用性。

（五）数字资源长期保护的标准规范

数字信息长期保护涉及保存数字比特流、信息格式、信息处理环境、信息内容验证管理机制、信息组织机制等相关内容和机制等一系列任务。图书馆及档案、博物等领域已开始提出一系列框架和规范。

许多研究或试验项目提出了专门支持数字信息长期保护的元数据格式，提出了由内容信息、保护描述信息和封装信息组成的长期保护的元数据结构，并已提出了自己的内容信息元数据的建议。

各国数字图书馆建设尤其是大范围合作项目，都在项目启动初期致力于建立数字信息资源建设的标准规范描述体系，指导、协调和约束参与项目建设的各个单元对标准规范的选择和采用。在对我国的实际标准规范应用环境和制定程序进行分析的基础上，也应建立适应我国数字图书馆建设所需要的标准规范描述体系。

第三节　数字图书馆建设与地方智库建设的协同分析

一、数字图书馆与智库建设的关系

（一）资源保障

知识型图书馆的资源建设包括传统文献资源建设、数字资源建设和知识库建设。资源建设是图书馆的基础业务，而对智库而言，资源建设也是至关重要的，是智库建设的基础和保障。区别在于，图书馆的资源建设是广泛而全面的，包含了不同学科和专业，而智库对资源的需求有其特殊性，包括调研数据、政府信息资源、国际信息分析等。图书馆可以充分利用自身在资源建设方面的经验和优势，根据智库建设的需求进行资源的组织和建设。

（二）情报服务

1. 参考咨询服务

参考咨询服务是图书馆被动地为咨询者提供情报的服务，是图书馆的传统业务，而智库是为国家战略规划和公共政策制定提供知识咨询、决策咨询的专业机构。图书馆从传统图书馆向知识型图书馆转变的过程中，为咨询者提供文献或数字信息的简单参考咨询服务，也应当向为用户提供知识咨询和智慧服务转变，进而再向更加专业的决策咨询和政策服务转变，至此就与智库服务紧密联系，发挥了智库的作用。

2. 学科服务

学科服务是面向不同学科的科研和教学，能发现和提供专业知识以及信息导航，具有很强的针对性。学科服务是近些年图书馆的一项创新，符合图书馆个性化服务的需求，是个性化的情报服务。

智库建设离不开专业、有效、优质的学科信息，特别是为国家战略、公共政策、国际分析等提供服务的学科建设或情报研究，都可以作为智库研究和建设的支撑，而政策制定者、决策者、管理者等智库服务对象，也应当成为学科服务的重要对象，纳入学科服务的业务体系。

3.情报研究

传统情报研究是指文献和信息情报的分析与综合的过程，即对一定时期某专业领域的文献和信息情报进行分析和归纳，并以研究报告、态势分析等多种形式呈现给用户，满足用户全面了解该领域的现状和发展趋势的需要。智库建设依赖情报研究，图书馆向智库型机构转变的过程中，情报研究的范围应当向经济、政治、社会、外交等更广泛的领域延伸，情报研究的服务对象应当向政策制定者、决策者、管理者扩展，情报研究的时间跨度不应只局限于过去和现在，应当面向未来，形成具有预测性的研究报告。

（三）平台建设

数字图书馆的发展促使图书馆领域建成了一系列专业、成熟的数据信息平台，依托数据信息平台，图书馆建成了许多主题丰富、特点鲜明、内容优质的专题数据库。而大数据环境下，传统的数据信息平台已无法满足知识型图书馆的需要，数字信息存储和展现的同时还兼顾深度的信息采集、数据挖掘、规则关联和知识发现，知识型数据信息平台逐渐发展起来。

智库的研究和建设离不开信息技术和数据库平台的支撑，尤其是大数据背景下，大数据分析和数据挖掘成为智库研究不可或缺的技术方法。图书馆已有的数字资源和已具备的技术手段正是智库建设和研究所需要的，图书馆应当对其充分利用并不断发展和创新，从而服务和支持智库建设。

二、数字图书馆建设与智库建设协同发展模式

图书馆支持智库活动的服务模式可以看作是图书馆基于自身的优势，面向智库活动的不同需求，用相应的内容、合格的人员以及对应的方式提供智库活动所需要的信息的整体解决方案。不同智库获取信息的能力差别很大，图书馆能提供的支持也不相同，从这个角度可以将服务模式分为如下的四种具体模式。

（一）基于资源模式

这种模式以内容作为服务要素，核心特点是以内容建设为服务切入点，这是最简单的服务模式，图书馆对智库与其他服务对象在服务方式、职能上都没有区别。资源组织可以在横向上面向智库活动组织有特色的资源，纵向上按照智库活动主题组织信息。这种模式要求图书馆具有特色资源，或者有加工信息资源的能力。这种模式的服务对象是缺少信息资源的智库，如某些民间智库。

（二）基于人员模式

这种模式以人员作为服务要素，模式特点是指定人员直接联系智库提供信息服务。这种模式类似高校图书馆的学科馆员服务，可称为"智库馆员"，要求具有决策服务的能力，对相关领域有较为专业的背景知识。高校图书馆因为有多年的学科服务经验，二者模式类似，具有实现该模式的优势。相应地，对于高校智库而言，由于其智库人员在科学研究阶段也接受了很多学科服务，因此也适合这种模式。

（三）基于职能模式

这种模式以智库职能建设作为服务要素，核心特点是图书馆建设若干项职能，直接为智库完成某些环节的工作，但不需要成立专门的部门。例如：在流通部门设立智库产品发布专栏；在服务部门提高决策服务能力；在技术部、数据分析部门增加社会热点的发现功能等。这种模式要求图书馆具有一定的社会服务经验，有设计新流程的能力。这种模式会提高智库工作效率，对企业智库最为合适。

（四）基于组织模式

这种模式以新的图书馆组织结构为服务要素，典型标志是成立专门的部门或小组，专职参与智库服务工作。这种模式是图书馆服务智库的最高级形式，其又可分为两种具体形式：一是图书馆内部成立专门的智库服务部，对有需要的智库提供服务；二是嵌入式，即图书馆派出服务小组，参加到智库的活动中去。党政机关图书馆、情报机构与党政机关智库之间的合作，适合以这种模式进行。

三、数字图书馆建设与地方智库建设协同发展途径

（一）数字图书馆支撑地方智库建设

图书馆在智库中的作为是非常不够的，尽管部分图书馆已经开展了一些工作，但是总体来讲，图书馆对智库建设的认识不够，发挥的作用也非常有限。图书馆在智库建设中存在一定的先天优势和劣势，其中优势表现在：信息资源的强大基础、用户服务的强烈意识、信息工具的运用分析能力、情报研究与分析的方法、跨学科协同与合作、客观中立的研究立场。劣势表现在：管理层缺乏前瞻性设计与规划、缺乏对智库的认知与认同；图书馆行业对自身定位和价值的怀疑；缺乏职业洞察力与对更高目标的追逐；图书情报人员对低水平服务的满足感，缺乏强烈的进取心和竞争意识；图书馆创新意识与能力薄弱，不敢接受挑战与变革。图书馆在支撑智库建设的过程中，应该发挥自身的优势，同

时弥补不足，应从以下四个方面发挥作用：开展智库基础研究、提供智库支撑服务、开展智库专题研究、图书馆自身智库研究。

1. 开展智库基础研究

基础研究对所有人（决策人员、研究人员、图书情报人员等）而言都是有需求的。很多人（包括图书情报人员自身）对智库的了解和认识非常有限，所以我们需要认识和研究智库是什么。在此基础上还要开展图书馆为智库提供信息与智力支撑的基础研究，主要包括国家对新型智库建设的政策和要求，国内外智库的发展、运作模式建设经验，国内外本领域相关智库的发展现状、特点与态势，本单位（本校）智库及潜在的智库（学术机构）分析与评价等。这些工作看似是基础性工作，但仍然需要花费非常大的力气来进行研究。从成果形式来讲，基础性研究成果可以是专著、论文、有关智库问题的研究报告、咨询建议、专报等。这些成果应主要面向上级领导、决策层和政策研究人员等，让他们更多地了解智库的基本问题，图书馆应该做好这方面的支撑性工作。

2. 提供智库支撑服务

提供智库支撑服务是图书馆参与智库建设的重要体现，更能直接体现图书馆的特性和图书馆的价值。图书馆提供智库服务可以从以下几个方面入手。

（1）为智库机构和智库研究提供直接的、专门的文献保障和资源支撑，这对智库来讲是必不可少的，也是非常重要的。智库研究的好坏很大程度上取决于资源保障和信息的支撑。图书馆的资源建设需要增强智库意识，加强对智库需要的资源的分析和保障。

（2）建立或合作建立支撑智库研究的数据库、知识组织以及知识管理系统。智库研究越来越依赖于数据库以及平台系统，而平台系统能不能具有知识组织和知识管理的功能，对于智库研究有非常大的影响。图书馆需要发挥自身的技术优势，为智库研究或智库机构提供数据库、网络平台的技术支持和内容管理系统。

（3）提供有针对性的嵌入智库研究过程中的学科情报服务。为此，需要充分发挥图书情报人员的学科服务和情报分析能力，承担与情报相关的智库研究任务，提供基于智库课题研究的情报全程跟踪，将学科情报服务的能力转化为智库研究支撑的能力，提高智库研究的效率与效能，保障智库研究的效果。

（4）提供智库评价分析工作。图书情报人员可以发挥作为第三方的优势，为智库机构、智库人才、智库成果的影响力提供评价分析，将基于期刊、机构、人才等方面的评价优势和基础转化为智库评价，提供更为客观、准确、科学的评价结果和评价导向，更好地引导智库的可持续发展。此外，图书馆还可以建立智库成果的传播平台（如基于社交网络的传播平台），主办、协办、承办智库方面的会议或培训，或提供相关的场地、人力、信息服务。

3. 开展智库专题研究

智库研究并非智库机构的专属，任何机构（主要是政府相关部门、学术研究机构）都可以从不同角度参与智库研究，图书馆（科技信息研究所）也不例外。这也许对目前的很多图书馆来讲比较难，但应该是图书馆致力于推进的发展方向。智库专题研究具体可以有三种形式。

（1）以个人或团队的形式，结合上级机构或图书馆自身的特长与优势，就某一领域或多个领域的智库问题开展深入系统的研究，持续地推出有影响力的智库研究成果。个人或团队的研究可以是探索性研究，将自身的学术积累转化为智库研究成果，逐步建立起智库的研究能力。

（2）根据图书馆自身的特点在图书馆内建立专门的研究机构，结合参考咨询、情报研究、学科服务等优势，整合馆内外相关的研究力量，有组织地开展智库研究，推出系统性的智库研究成果。鼓励与其他图书馆或者其他信息机构合作，独立或合作承担智库的研究课题，或自主开展智库专题研究。

（3）与专业的智库机构联合或合作，针对某些问题或特定的重要任务，优势互补，协同攻关，开展系统而深入的智库相关重大问题的研究，把图书馆和相关人员纳入整个智库的研究体系之中，融入智库研究的主流系统中，以体现图书馆在智库研究中的独特作用。

4. 图书馆自身智库研究

每个领域都有智库的问题，是因为每个领域都有战略规划、公共政策和公共认知的问题。图书馆自身也有很多智库类问题需要关注、研究、解决，主要包括以下三个方面。

（1）图书馆学研究的智库导向。图书情报人员原来主要是从事业务研究，当前和今后应加强图书馆自身的智库问题研究。应在研究规划和项目设计中注重图书馆发展战略和政策性的问题，因为这关系到图书馆领域和行业整体发展导向和趋势，关系到政策导向，因而具有全局性的影响，具有更重要的意义。

（2）国家、部委和各图书馆都需要拥有专门的智库研究机构、专职或兼职的研究人员来研究不同层面的图书馆重大发展战略和重要政策，解决图书馆行业宏观、中观、微观等共性、关键性的问题。单个图书馆也应研究本馆中长期发展所面临的问题，建立推动图书馆良性发展的智库力量。

（3）建立图书馆界与政府有关部门、决策管理机构的智库研究合作关系以及智库联络通道。既要研究推出智库研究的成果，也要能把这些成果报送上去，直接支撑相关的决策，使之产生影响力，产生政策效力。

（二）组建数字图书馆智库建设团队

从大多数图书馆的现状来看，图书馆组建自己的智库团队并主导智库建设并非一件容易的事。图书馆人应当树立信心，明确现代图书馆的定位和价值，利用好自身的资源优势；同时也要认清自身在科研和创新方面的不足，将智库建设纳入图书馆的业务体系，从智库的基础研究做起，循序渐进，逐步参与到智库建设中去。

1. 队伍建设

图书馆向智库的转型发展过程中，对人才的需求日益迫切。图书馆应当加强宣传其在智库研究中的作用，积极引导和改变人们对图书馆的看法，建立有效的人才吸引机制。吸引更多具有学科背景且具备智库研究能力的高学历人才加入图书馆行业，为智库建设创造优越的环境并储备优秀的人才。图书馆应当不断优化现有的队伍结构，鼓励图书馆员参加继续教育；加强现有图书馆员的综合素质和智库服务能力，提高现有学科馆员和情报服务人员的专业素养；积极培养具有智库研究能力的图书馆员；培养图书馆自己的智库情报专家，逐步组建一支具备较强的专业背景、较强的专业领域研究能力、较强的文献整合能力、深度挖掘情报信息能力的智库研究队伍。

2. 知识和经验积累

图书馆向智库的转型发展过程中，要积极参与已立项的智库项目，不断汲取智库建设的宝贵经验；要促进与科研机构、决策咨询机构、社科类研究机构的合作，了解他们的需求和研究方向；要积极参与智库研讨，到成熟的智库机构去考察调研培训，积累智库建设的知识和经验；要逐步建立图书馆与相关决策部门的联系通道，加强与决策者和管理者的沟通，追踪决策需求，同时不断观察了解政策和决策的现实需要；要向智库机构学习智库选题的方法，积累智库选题的经验，确定图书馆自己的智库选择方向，从而展开智库研究并着手智库建设，促进图书馆向智库型机构变革。

（三）重视各方力量协调合作

在智库研究领域的开发方面，应当发挥自身所具备的人才优势、资源优势。

同时，利用高校学科等优势建立图书馆智库，应当继续从事原有的研究领域。在图书馆智库建设中，其特点主要表现为研究队伍来自各领域的学科专家，在读学生作为重要科研力量，对智库服务的开展提供了重要支撑。图书馆智库的发展有利于高校实施规范化管理，规范高校科研组织。

1. 横向与纵向合作

在信息飞速传播的大数据时代，随着互联网技术的不断应用，当政府想要进行科学决策时就需要有比以前更专业、更丰富的知识来进行支撑，所以我们的图书馆智库建设需要有综合各方面的能力。如果智库在发展的时候，缺少了与彼此或者与其他社会机构的交流、合作，就会在知识结构上造成局限。

横向与纵向合作对于开展图书馆智库服务工作至关重要，横向方面可与其相关的图书馆建立起图书馆智库联盟，加强资源互通，提升智库服务水平；纵向方面可以与其上下级单位互联互通，提升上下级之间的关联与沟通效率。

（1）横向扩展图书馆业务。一般情况下，地方图书馆业务常限于传统社会阅读服务，高校图书馆大多提供校内教学科研服务。面向智库活动的服务可以扩大图书馆接触领域，提升图书馆信息服务层次。通过智库活动，可以使其参与社会经济发展决策，扩大图书馆的社会影响力。

（2）纵向提升图书馆职能。图书馆的传统服务对象是大量读者，从服务对应的管理层次上，属于面向基层的管理活动服务。在服务对象上，智库服务拓展到公共服务领域，在对应的管理层次上，面向中高层管理工作服务，其服务内容要从参考咨询服务提升到决策参考服务。图书馆人员需要掌握公共管理、社会学以及相关领域的专业知识，促使图书馆服务的综合水平不断提高。

2. 区域抱团发展与行业协作共赢

从资源方面进行区域共享的角度来看，各大图书馆智库之间都有一种区域性特征，分布相对较为集中，也就使得在高校用自身拥有的资源帮助智库发展的过程中，都是集中在各自比较擅长的领域，因此更应该在各大高校间加强合作，打破局限性，克服各自发展遇到的困难。

真正有用的知识都是通过个体实践得出来的，每一家图书馆智库都在个体实践中形成了其特殊优势，但也各有不足。智库在我国各大图书馆的负责下发展，就要取长补短，突破原有的机构限制，构建一种多领域、多行业、多学科的智库联盟，通过这个方式来进行区域的抱团发展和行业的协作共赢。

3. 建立相关协作平台

运用互联网环境的相关手段，建设一个可以使得社会上信息实现共享的平台，而这个平台的功能是多样化的，它可以对信息进行统一收集，为用户提供使用和检索等功能，集多种功能于一体。平台搭建是促进各方参与的基础，应在智库联盟互助的基础上，建设与之相关的有利于智库进行协作的一个双向互赢平台，在这个发展过程中，能够使得我国图书馆智库在服务方面的发展能力逐渐走向国际化。一方面，我国处于发展过程中的高校所管理的图书馆智库可以与党政军智库在平台上完成交流与合作，不同类型的智库可以在平台上实现学科互补，结合互补性的资源、能力以实现共同的研究目标；另一方面，各学科交流平台为培养创新人才提供了推动力，利用智库平台，专业实践人员有更多参与科研活动的机会，从而学到更多学科知识，而不会只局限于研究本学科理论与应用问题，为其他学科形成丰富的理论知识与研究方法，为创新人才培养目标的实现奠定良好的基础。

第七章　图书馆智库服务与智库建设策略

图书馆在国家智库建设中具有得天独厚的优势，图书馆智库建设的过程应该发挥自身优势，循序渐进地参与智库职能定位的研究、建设与服务，将图书馆的传统服务能力提升为智库服务能力。本章分为图书馆智库职能阐释、图书馆智库服务的策略、图书馆智库建设的策略三个部分。主要包括图书馆智库起源及概念内涵研究，图书馆智库职能概念及内涵，精准定位图书馆智库服务目标、构建图书馆智库服务的资源保障体系等图书馆智库服务策略，坚持智库建设理念、明确图书馆的目标定位等图书馆智库建设策略等内容。

第一节　图书馆智库职能阐释

一、图书馆智库起源及概念内涵研究

1967 年 6 月美国《纽约时报》刊载的一组介绍兰德公司等机构的文章中首创了 Think Tank 一词。随后，智库研究兴起，整体上呈现不断上升的趋势。最早的学术论文是赫尔曼·卡恩（Herman Kahn）在 Web of Science 平台发表的一篇对美国智库专家从事智库领域工作的评述。国外学者研究智库多集中于智库辅助政治决策及其竞争力的实证分析等。

国内智库研究起步于 20 世纪 90 年代中后期，智库概念界定多参照西方学者早期的定义进行本土化笼统的概述。新时代下，习近平总书记提出要加强中国特色新型智库建设，并为中国特色新型智库建设提供指南。中国特色新型智库在功能上不同于党政机关的内设研究部门，但又与这些部门关系密切；智库的运行不同于企业的运行，但需要学习企业的治理模式和营销手段；智库的发声不同于媒体宣传报道，但必须与媒体相互配合，取长补短，方能相得益彰。近年来，我国图书情报界掀起了智库研究热潮。2009 年，国内学者首次将智库视为图书馆发展的新机遇，张燕蕾基于智库探讨图书馆的新定位。2016 年 2 月

《智库理论与实践》创刊，为图书馆与智库的关系的研究提供了新的平台。许多学者研究图书馆智库的概念，提出不同的观点，丰富了图书馆智库概念的内涵。赵雪岩等认为高校图书馆智库服务是指高校图书馆投入人力、物力、财力、技术等设置智库服务部门，为校内外各类机构和组织提供服务；赵发珍认为大学图书馆智库正逐渐发展成为知识服务综合体；杨友清等认为图书馆应以高校、科研机构、政府部门和企业的智库建设为导向，提供个性化的咨询服务。

可见，由于出发点与研究角度不同，不同学者对图书馆智库定义有不同的诠释，认为图书馆可作为独立机构进行智库建设，也可围绕智库建设需求提供辅助性服务。郭登浩认为图书馆为智库的科研活动提供信息资源保障和支持，并以智库机构的身份直接提供决策信息服务，综合了独立机构与辅助服务，进一步推动了图书馆智库研究。

二、图书馆智库职能概念及内涵

图书馆智库职能是指图书馆依托自身的文献资源和智力资源，进行情报分析和预测，为政府、企业、科研机构等组织提供战略发展咨询服务的具体功能，以及保障这些功能实现的组织形式和管理机制。

图书馆可以在全馆或者局部范围内进行独立智库建设，也可以与其他非图书馆智库对接提供智库服务。在进行智库服务的同时，图书馆原有的常规服务功能也得以保持和发展。

图书馆智库行使的职能主要包括信息采集与整理，情报分析与预测，科研评估，特色数据库建设，社会调查，定题服务，信息推广，公众教育，组建专家团队，提出区域政治、经济发展方面的对策等。

三、"数据—信息—知识—智慧"框架下的图书馆智库职能

就当前智库的发展阶段而言，智库主要具有为政府、企业及相关组织提供智能决策、汇集与供给人才、对政府机构的政策进行评估与解读等职能。在"数据—信息—知识—智慧"四维服务框架下，图书馆亦能发挥一般智库的职能，并发挥自身信息、知识、智能集散地的优势，在信息的收集、组织与传递、信息分析、知识挖掘、公众教育等职能上优于一般智库。传统图书馆作为信息收集与整理的中心，在长期的经验积累下，已经形成一套完整的信息组织与检索体系，专业图书馆员通过对信息的收集、整理、加工、分析等，能为不同领域的专家、学者提供源源不断的有序信息流，因此，图书馆智库具有比一般智库更加高效的信息处理和知识挖掘能力；图书馆本身是面向读者服务的，拥有大

众化的信息共享平台，能提供讲座与公益活动服务，吸引大批读者到馆，因此图书馆智库较一般智库而言，能够更好地发挥政策信息传播、解读与公众教育的职能。

图书馆智库基于以上优势，在"数据—信息—知识—智慧"服务理论框架下，为辅助决策的专家、学者提供高质量的信息和知识服务，确保相关领域的专家、学者通过有序的显性知识，结合自身的隐性知识，快速、准确地提出科学、客观的决策建议。图书馆可通过出版书刊、举办各类文化交流活动等途径，使智库所产生的成果为公众所接受。

图书馆智库职能的结构和内容可以从其理论框架和业务流程两个角度去解析，依据"数据—信息—知识—智慧"服务理论框架构建图书馆智库职能，关注数据与信息、知识、智慧层面在图书馆智库服务中的作用点、作用方式和演化关系，将"数据—信息—知识—智慧"理论框架作为理论支点。

图书馆智库服务从本质上来说属于信息咨询的范畴，对于某一项具体咨询任务来说，以项目的方式组织运行具有面向问题解决的针对性、灵活性和资源整合优势，因此构建图书馆智库职能，应将信息咨询项目业务流程作为一个支点。

图书馆智库建设或者是依托全馆，或者是重点由某个部门负责，不管是何种形式，当面对具体的智库咨询任务时，比较科学的方法是组织项目研究团队。一个图书馆智库往往同时开展多项咨询，更需要以项目为单位组织运行，并运用多项目管理方法进行运营管理。智库咨询项目管理的流程包括需求分析—立项—实施项目研究—得出项目成果—项目成果评价与推广，这个过程与数据—信息—知识—智慧的产生流程具有对应关系。其具体过程为：在数据和信息层面，建立信息资源建设中心，它是搜集信息和信息的集中中心，是发现问题和提出问题的信息部门，由最初的采编部、馆藏部、典藏部构成，这就使图书馆智库职能的内容包括了信息的采集、信息检索、信息组织和资源建设等步骤，其中信息采集包括社会化信息采集、大数据采集、馆藏信息采集等形式，拥有客户需求分析的职能，从而能够进一步开展立项并可以运用数据库中的显性知识主动定题研究。

在知识层面，图书馆智库可以建立情报分析中心。它是进一步加深挖掘数据和信息的机构，是处理问题、分析问题的知识部门。图书馆智库职能部门包括大数据技术部、信息与数据部、情报分析部、信息咨询部，能够对信息进行进一步的数据挖掘、大数据分析、情报分析、知识挖掘，综合了显性知识与隐性知识的运用，并通过可视化报表或报告的形式将项目研究过程进行呈现。在知识层面的隐性知识也能够对项目的结果提供一定的技术支持，可以为项目的后续研究提供专家资源及专家经验等。

图书馆智库职能的内容在数据和信息层面、知识层面、职能层面均有鲜明的特征，并需完成各层面的对接和转化，每个层面对应着不同的图书馆职能部门。目前图书馆智库的职能部门设置各有特色，既保留了图书馆的传统，也彰显了智库的特色。经调研分析，本研究以智库业务流程为核心，将图书馆智库职能部门加以整合，分为信息资源建设中心、情报分析中心、研究中心、服务推广中心，协调保障方面则分为保障机构和业务管理机构，对图书馆智库职能进行支撑。

在智慧层面，图书馆智库职能内容包括提出建议、决策方案、预测结果等，是在显性知识的基础上，融合了专家经验和智慧（隐性知识）的智库产品输出，对应的部门是各类研究中心。其智库服务业务主要是项目的评价及推广，在传统智库的基础上又增加了教育性的推广，让客户更易接受，如果是高校智库则主要针对科研人员、学生及科研爱好者们，对于非保密的研究成果可以进行全民公开的教育；如果是公共图书馆，则更加贴近企业、社会及政府，从而增强了各界的联通与协同。图书馆具有优于其他智库的用户服务推广能力，因此应设置服务与推广中心，根据实际情况进行智库产品推广与用户服务。

在业务流程和理论框架及职能内容之间，具有强度不等的联系。比如，在项目研究阶段，更加侧重运用知识层面的职能，尤其是隐性知识，数据和信息对立项具有很大的贡献。除此之外，图书馆智库需要有业务管理部门来落实管理机制，并需要保障机构保障业务运行，保障机构包括综合办公室、人力资源部、信息技术部、财务部等。

四、图书馆智库职能的结构优化

职能结构的优化对能力提升有着非常重要的意义，图书馆智库职能与图书馆智库能力是两个关系至为密切的概念。图书馆智库职能是指图书馆智库在一定时期内根据国家和社会发展的需要应该承担的职责和功能，它涉及的是图书馆智库应该做什么、不应该做什么的问题；而图书馆智库能力则指图书馆智库实际能够履行这种职责和功能的程度，它要解决的是图书馆如何去做、何时做、通过什么方式去做的问题。可见，图书馆智库职能框定了图书馆智库能力的基本内容和发展方向；图书馆智库能力的大小强弱则决定了图书馆智库职能的实现程度。二者互为条件、相互依存、缺一不可。在图书馆智库职能相对拓展的情况下，图书馆智库能力及其提升，对于提高图书馆智库的公共和科研行政管理水平、有效地履行其职能进而推动经济社会的发展，都具有突出的现实意义。

（一）信息层面——利用云技术完善图书馆智库平台的建设

云技术是指在广域网或局域网内将硬件、软件、网络等一系列资源统一起来，实现数据的计算、存储、处理和共享的一种托管技术。其结构分为四层：物理资源层、资源池层、管理中间件层和 SOA 构建层，其中，物理资源层包括计算机、存储器、网络设施、数据库和软件等；资源池层是将大量相同类型的资源构成同构或接近同构的资源池，如数据资源池；构建资源池更多是物理资源的集成和管理工作，并对众多应用任务进行调度，使资源能够高效、安全地为应用提供服务；SOA 层将云计算能力封装成标准的 Web Services 服务，并纳入 SOA 体系进行管理和使用，包括服务注册、查找、访问和构建服务工作流等。这样，使用者只要输入简单的指令即能得到大量信息。其速度快、存储量大的特点正适用于图书馆的庞大资源，也使图书馆信息层面的智库能力得到加强。

（二）知识层面——利用知识挖掘技术和合作式参考咨询

图书馆智库在知识层面上提供的基于信息的知识解读与析出的能力离不开知识挖掘和情报分析。目前，虽然计算机可以处理与存储海量数据，但其知识理解的内容层次、对数据进行类似人的智能信息理解的能力十分有限。图书馆发展智库应提升自己应用知识挖掘技术的能力，对数据进行较高层次的处理与分析，以得到关于数据的总体特征和对发展趋势的预测。深入发展合作式参考咨询，通过协作关系，逐步扩展到由多家图书馆乃至政府、科研机构共同合作，提供全天候的网络协作式参考咨询服务。

（三）智慧层面——增强图书馆智能化服务功能

图书馆并不受空间的限制，而且也能够被社会公众确实感知到。智慧图书馆可以说是一个大型的文献信息管理系统和服务平台，其主要涉及图书馆的采编、流通、管理和维护等多个方面的智能化，包括馆藏资源一体化、中央知识库、智能采选系统、智慧化服务等子系统。

图书馆应加强服务体系和服务平台的建设，完善各项功能，主要有满足特殊群体的实际的读屏功能、放大功能、增加线上服务项目等。努力把智慧图书馆打造成"互联网＋图书馆服务"的模式，如开设在线预约功能，提前帮助读者在线预订阅览室座位，防止出现占座等不文明现象，该功能不仅提升了阅读服务质量，而且也缩短了借阅时间，在最大限度上方便了读者进行阅读；设置馆藏文献自动定位功能，该功能能够让读者在手机或者电脑上轻松便捷地寻找到自己所需要的文献；可以在线上发起读书沙龙，读者见面会以及讲座讲坛等在线预约功能。这些服务项目都能够提升图书馆的智能化服务水平。

一定要坚持大局意识和协同发展的观念，要充分地利用外部资源，并与外部资源进行协同融合。例如，在平台设计上进行功能接口的预留，方便实现与外部资源的互联互通。加强部门之间的协同发展，增强联合发展意识，通过智慧图书馆项目和智慧服务平台，来建立公共文化服务平台，以推动公共文化信息和资源的传播。

（四）综合层面——提升图书馆对外服务能力

国务院办公厅印发了《关于加强中国特色新型智库建设的意见》，并要求各地区各部门结合实际认真贯彻执行，标志着新型智库建设已经从高层部署层面进入实践操作层面。图书馆智库体系作为多层次、新型智库体系的组成部分，需要从管理机制上进行改革创新，发挥知识和智慧集散地的作用。

建立企业化运营机制。我国图书馆智库缺乏独立性，因此应按照增强独立性、多元化的目标来改革现有体制内的智库，推动图书馆智库实现企业化运营；在业务发展上，改变其侧重收集资料、提供检索的特点，转向知识层和智能层面的建设，研究具有战略性、创新性、前瞻性和国际化的问题。

建立智库人才旋转门机制和人才管理机制。根据欧美国家智库的发展经验，智库人才旋转门机制使知识与权力得到了有效的结合，不但能够促进智库提高研究水平，而且对智库参与公共决策和社会思潮发挥着重要的影响。目前在我国建立旋转门制度还存在很多困难。在身份转换过程中，应向在职的研究人员提供一些优待和福利；安排一些图书馆智库专业人员到政府部门工作，然后再回到图书馆智库工作；也可以让馆员到公益性质的社会团体、企业任职一定的年限，从而通过各个方面的社会实践了解社会，把握来自社会各方面的需求，更好地分析社会发展变化的趋势。

设立海外分支机构，支持图书馆智库"走出去"。根据研究和发展需要，通过合作研究等方式，在世界各地设立一定数量的分支机构。通过这些分支机构，为图书馆国际智库研究人员开展海外研究提供便利，为智库了解当地实际情况提供一手信息来源。保证图书馆智库评估的合理性、分析的科学性，形成自身独特的智库文化，从而拥有足够的发展空间，提升图书馆智库职能的对外服务能力。

第二节 图书馆智库服务策略

一、准确定位图书馆智库服务目标

分析图书馆自身优势，明确智库服务的基本定位，是图书馆面向智库服务转型的基础。当前，大部分图书馆缺乏对智库的认知与认同，其职能仍定位于信息资源提供者。数字图书馆的知识服务转型，服务是立馆之本，必须先认清自己的职能定位，寻求政策研究需求的契合度和切入点。图书馆要考虑其行业特点和自身的实际状况，明确功能定位和发展方向。不管是为政府部门提供立法、政策咨询服务，还是为企业提供特色产业服务，图书馆必须依托自身的馆藏优势和特点，明确资源建设、人才培养和服务提升的方向。在此基础上，图书馆还应逐步明晰智库服务的对象、内容和方式等，实现精准定位，寻求最适合自身发展的角色。当然，这是一个循序渐进、不断探索的过程，图书馆的首要任务是找到参与智库研究的起点，开展致力于政府企业智库建设的服务项目，逐步构建图书馆在智库中的能力机制，加强用户需求。

二、构建图书馆智库服务资源保障体系

资源是图书馆提供智库服务的必备条件，包括文献资源、人力资源、资金、设备等诸多内容，只有构建合理的资源保障体系才能确保智库服务的顺利推进。

（一）优化调整馆藏结构

构建并完善符合智库服务需求的特色馆藏体系，一是要加强用户需求调研，制订有效的文献资源建设方案，调整现有的文献资源组织形式与内容；二是要扩大灰色文献的搜集力度，以满足各类智库资源获取信息的及时性需求，对于比较少见的文献资源尽量成体系收藏；三是要借助信息技术开发现有馆藏，建设特色数据库或行业数据库平台。例如，上海图书馆在已购买的200余个中外数据库的基础上，根据多个智库用户需求以及对馆藏文献资源的深入研究，充分利用大数据、云计算等技术，加强专业数据库和信息系统平台建设，研发了若干个特色资源数据库和系统应用平台，形成了较为鲜明的馆藏特色资源体系。四是对于智库类研究成果，要做好搜集、存储、资源的揭示和推广工作。

（二）重视人才队伍建设

数字图书馆智库服务要求图书馆馆员具备图书馆业务知识、智库基础知识、跨学科知识组织能力和系统研究方法、写作能力等，能够快速响应智库需求，为其提供问题解决方案。据调查可知，规模较大的国外图书馆智库均设置了专职的智库馆员，肩负着智库课题研究和图书馆服务的双重工作职责。图书馆可以采用引进和内培的方式，大力加强人才队伍建设。智库服务的最终目标是参与规划、管理和支持决策，其服务内容具有宏观性和前瞻性的特点。这就要求馆员具备很强的数据分析、总结和预测能力，需要馆员掌握的研究方法有文献计量、数理分析、统计、情报分析、知识图谱等，图书馆须有针对性地对馆员加强这方面的培训。

坚持人才为先，遵循专职与兼职、"走出去"与"引进来"相结合的原则，以凝聚一流的研究队伍。一是引进图书情报学、哲学、政治学及统计学等专业的人才并进行智库人才的定向培养；二是聘请其他学科领域的专家充实到智库服务队伍中借智借力；三是鼓励馆员参加智库会议及相关培训，以提高智库建设的参与能力；四是派遣馆员到用户单位进行挂职交流，即常态化驻点对接，以畅通馆员在用户和研究者之间的转换渠道；五是强化馆员智库服务胜任力，促进馆员向知识顾问、智库专家角色的转变，促进智库服务从学术研究向对策建议转换。

（三）加大资金投入力度

充足的经费投入才能保证和提高智库服务的实效。在国家大力推进新型智库建设的背景下，部分图书馆要率先将智库服务或智库建设纳入图书馆发展规划，在经费使用方面加大投入。一是提高支撑智库服务需求的数字资源建设比例，增强共享资源的支撑力；二是保证智库在硬件投入、软件升级、系统维护上的费用；三是增加智库服务及相关应用平台的研发经费；四是绩效工资的分配应适当向智库服务人员倾斜。

（四）整合智库服务的资源渠道

从以政府决策和科技咨询需求为出发点的资源建设，到体现技术路径及产业整体发展的信息整合，建立以智库研究为导向的信息支撑体系、促进协同化发展，是图书馆智库服务的重要内容。图书馆应按照智库的研究领域和关注重点对各类馆藏资源进行重新整合，同时注重灰色文献、半结构化数据、零次情报等非常规化资源的收集整理，并结合智库的知识体系对资源内容进行筛选和重组，充分体现了与研究内容的关联性。

具体而言，对于面向政府及相关智库部门开展的各项服务，可在研究选题和信息搜集两方面实现协同化支撑。在研究选题方面，需围绕国家发展建设的热点问题，确立相关主题的资料编辑和服务工作，并及时根据社会、经济环境的变化以及政府部门的工作进程不断调整研究内容。在信息搜集过程中，应在充分挖掘媒体、网络、图书馆等信息源的基础上，将国内外优秀的智库研究成果引入到决策咨询服务中，提升信息内容的全面性、系统性和研究性。

为企业智库提供的服务项目要体现整体性和阶段性的特点。在整体性方面，应结合行业情况，在合作研究中综合考量政策、市场、技术、商品等多方面的信息而做出整体分析判断。在阶段性方面，应针对企业科研、生产的各个阶段，推出不同侧重的信息产品，如针对企业科技创新项目的专业文献、科技报告整理，辅助产品研发的技术、产品、工艺等信息收集，配合产品发布的市场分析预测等。

（五）完善政策激励机制

智库服务与图书馆其他基础性读者服务相比，重在智力付出，且智库服务对时效性、针对性、实用性和创新性等要求较高，工作开展的难度和工作人员心理承受的压力较大。因此，对创新性强、已被采纳或部分采纳决策研究与咨询成果的项目人员，应在选拔使用、岗位晋级、考核评优、荣誉授予等方面予以优先考虑，以提高馆员参与智库项目及开展决策研究活动的积极性和主动性。

三、提升图书馆智库多元化服务

（一）发展特色化图书馆智库服务

我国已有许多图书馆开展了各具特色的智库服务项目。中国社会科学院图书馆在机构融合中明确了其智库文献信息中心的发展定位；上海图书馆发挥资源、人才优势为地区产业发展提供决策支持和打造思想交流空间；泰达图书馆运用自身服务优势，形成多样化的智库服务内容；中国国家图书馆侧重于体现知识性、思想性的预测性研究，并在与政府部门的长期深入合作中实现了向智库的功能转型。

上述图书馆具有两大共性：其一是与智库的深入合作，总结各图书馆的智库服务发展过程，其都经历了为智库提供服务的重要阶段，正是在与各类研究机构的长期合作中逐步积累方法经验，才最终明确了功能定位和发展方向；其二是注重特色化的智库服务建设，无论是面向政府部门的立法决策服务还是为企业提供的产业服务，其都与图书馆的独特优势密切相关，这些服务的确立和拓展也都是由以智库为导向的资源建设、人才培养、服务提升等发展而来的。因此，图书馆智库服务应首先明确与智库协同发展的定位，以图书馆的信息资源为依托，开展致力于政府、企业智库建设的服务项目。在具体建设中，图书馆要运用多元化服务手段，将资源、人才、服务与智库的研究内容、知识体系相融合，逐步构建起体现自身特色的服务模式，并借助服务的规范化、常态化发展，切实参与到政府和企业决策当中，实现向智库型研究机构的转变。

（二）提高图书馆智库服务能力

智库研究越来越依赖于数据库以及平台系统，而平台系统能不能具有知识聚合再造能力和个性化知识服务能力对于智库服务有非常大的影响。首先，图书馆应加强馆员的技术优势和创新能力，在知识资源采集和加工知识管理、服务运营、知识利用和产出环节充分利用新兴技术，建立集成化的知识服务系统和平台。其次，图书馆应利用平台用户注册信息和行为信息，加强用户需求建模，利用知识推送技术主动推送给用户，为用户提供个性化知识推荐和主动知识服务。图书馆面向政府、企事业单位和地方智库机构，可提供高质量的决策参考信息专题研究报告、行业研究报告和媒体舆情专报等，同时可以引进行业应用数据库平台，还可以研发特色数据库，满足客户的需求，引领智库提供精准的知识服务。

（三）开展多元化图书馆智库服务

鉴于智库跨学科、多领域的研究特性，各门类专业性的理论方法和技术手段都可以运用到其研究之中。一些图书馆学和情报学理论，特别是文献计量学的研究方法，已在图书馆智库服务中得到具体应用，也有图书馆利用变革馆藏结构、组建知识库和专家人才库、开通决策服务平台等方式实现服务的多元化发展。

同时，图书馆应运用专业理论方法，对各种资源载体内的知识进行充分描述和揭示，体现其内在关联，并通过知识发现、传递等服务项目，促进知识的传播、利用、交流与共享，使静置于资源载体内的知识在智库研究中发挥实际效用。同时，基于知识发现结果，图书馆可根据智库的需求特点建立知识库和决策服务平台，以推送方式实现决策参考信息、相关信息产品和智库研究成果的发布使用，或组建专家团队对有关问题进行多学科、专业化的分析判断，从而保证决策事务的科学有效进行。

随着合作的不断深入，图书馆还应建立和完善智库用户在研究领域、相关成果、资源需求等方面的信息数据，借助数据挖掘获得体现用户研究内容和特点的隐性信息。例如，通过汇总多方智库用户在某一研究领域内的相关数据，可以分析出当前该领域的研究重点和选题方向，又如通过综合整理智库对于政策、经济、市场等问题的研究成果，能够清晰地反映出当前政策背景下经济、市场方面的发展趋势，从而为图书馆进行独立性的研究工作提供重要的参考依据。

随着理论的发展和实践的深入，我国图书馆的信息服务已逐步向情报研究、舆情分析、决策咨询等深层次、研究性的方向发展，并呈现出向智库型服务转化的趋势。已有图书馆在长期为政府部门、各类企业提供的文献收集整理中，逐步构建起具有图书馆特色的智库型服务项目，并借由服务的规范化、常态化发展完成了机构的功能转型。可见，开展智库服务并由此实现机构转型化升级，是我国图书馆的发展目标与拓展方向。

（四）拓展图书馆智库服务运营推广渠道

智库资政启民、建言献策、科技创新等作用的发挥，离不开智库成果的传播推广与转化。在"互联网＋"社交网络普及的情况下，智库服务运营推广要更加重视网络社群营销和推广。图书馆在用户画像建模、个性化推荐技术的运用下，将用户所需知识主动推送给用户，利用社交网络的扩散传播模式，调动用户参与知识传播的积极性，让用户成为自媒体的主动分享者，将从图书馆获得的知识传播出去。此外，利用数据分析等现代新兴技术，可以确保图书馆提供的知识快而准，提高用户的认可度和使用黏度。最后，还要重视和加强宣传。可以通过各类媒体向大众宣传图书馆的智库能力，让大众了解图书馆能提供的智库服务和已经产生的智库成果。这样才能扩大图书馆的影响力，增强其可见度。

数字图书馆是国家智库建设的重要知识来源，应该发扬自身优势，发挥智库服务功能。利用新兴技术构建数字图书馆的智库服务体系，这是数字图书馆智库服务的实施框架，具有服务针对性、主动性、智能性、多技术融合性等特征，为数字图书馆向智库服务转型提供了理论支撑。但是现实操作中，数字图书馆的智库服务不可能一蹴而就，而是一个循序渐进的过程，数字图书馆须逐步提升其智库服务能力，最终推进国家新型智库建设。

四、创新服务方式方法

智库服务需要根据各类用户的需求特点，深度嵌入用户的物理或虚拟空间，提供精准化、个性化、特色化的产品定制及服务。比如，针对政府、企事业单位等机构用户，可提供高质量的决策参考信息、媒体舆情专报、专题研究报告、行业研究报告等，也可研发符合用户需求的特色数据库、行业应用数据库平台。大数据时代的智库服务及研究工作更要求图书馆改变过去研究报告的写作习惯和行文风格，从定性文字描述向定量数字分析转变，从软科学向硬科学转变；要充分运用平台、工具、软件、系统等专业技术和服务手段构建智慧型大数据，通过多维度、多层次的数据分析与数据关联发现和解决问题，提供深度决策服务；要树立数据意识和工具意识，重视对各类数据的挖掘和增值加工，以形成不同类型的高质量的研究报告等产品。

第三节　图书馆智库建设策略

一、坚持智库建设理念

（一）强化智库建设意义

当前我国智库研究水平较低，无法在国际上产生影响力，而智库发展必须突破当前这种僵化的研究模式，消除其发展过程中产生的固守传统和封闭的劣势。这也就要求我们国家提高在专著论文发表等相关方面的重视程度。除此之外，还要借助互联网的优势，通过媒体宣传相关学术会议活动，对智库研究产生的相关科研成果进行强有力的社会宣传，使我们国家智库的研究实力增强，尽可能地使其在国际上的影响力逐步扩大，同时登上全球排行榜。

（二）形成智库服务体系

新型图书馆智库与政府机构之间进行交流，建立一种数据信息共享机制。图书馆在与之进行共享的过程中，要保持自身发展的独立性，同时要在参与决策过程中形成一种制衡的机制，实现其进行咨询报告的科学意义。

吸引政府官员、企业人员、行业骨干等社会各界人才参与到图书馆智库的建设中，使得智库人才不再是一成不变，实现智库知识储备的多样化发展，为智库实现自身咨询和理论研究方面的工作提供推动力。在发展中实现智库汇集各界精英的作用，有助于研究成果的科学性转化和提高实际运用效率。

进一步提高创新发展能力，打破各界之间存在的知识流转壁垒。将合作进一步深化，巩固社会各界和智库之间的协同创新体系。始终坚持把政府作为我们进行各种活动的主体对象，以政策分析等相关领域作为服务落脚点，图书馆智库应当发挥其自身具备的职能，为政府推行政策提供有意义的咨询和建议，使得研究成果向产品方向转化。

二、明确图书馆智库的目标定位

图书馆分为很多种类型，有党校图书馆、一般公共图书馆、高校图书馆和专业图书馆等。图书馆的人力资源有限，什么都做、什么领域都涉及容易导致智库研究缺乏积累，难以做深。每个图书馆所处区位不同、服务对象不同、资源优势不同，要开展智库建设必须结合自身环境，明确自身的目标定位、主攻方向和发展路径，从而有的放矢地开展工作并形成自身品牌和特色。

三、加强与各界协同合作

与某个国家、某个地区、某个省、某个机构或者是某个企业相关的重大理论和现实问题往往不是一个图书馆所能解决的。例如，有的企业提出的问题涉及的技术领域可能很细、很窄、很深，有的决策问题可能涉及的内容庞大、复杂，有限的时间难以完成。因此，吸收协同创新的理论基础和实践经验，通过制度提升图书馆内外的智库研究组织弹性至关重要。

图书馆的智库建设与服务在供需方面都还有提升空间。一方面要增强服务能力，另一方面要扩大市场需求。图书馆可建立多种协同平台，具体如下。

（1）与党政机关用户加强联系，建立畅通的用户信息反馈机制，发掘有效的用户需求。

（2）面向企业开展对接，服务某些特定区域的行业或产业，优化互动合作机制，探索建立规范的沟通对话模式，深化协同创新。

（3）面向科研院所和高校，服务学科发展，借力"专家库"，相互支撑。

（4）加强与同行之间的资源共享与互动学习，互通有无，共同进步，推进智库人才培训体系建设，加快智库服务行业标准、工作规范的建立。

（5）强化组织内部管理，建立分工明确、合作畅顺的协同工作机制。

四、加快新技术的应用

实施多元化服务（多载体、多平台、多渠道、多方法等）是图书馆发展的战略选择。当前，"互联网＋"深刻地影响着社会的方方面面，图书馆应顺应时代潮流，敢于探索和实践，用"互联网＋"的思维开展新型智库建设。通过互联网发展和对接各类用户，与同行进行资源协同已经不存在技术难题。另外，加快App、大数据及其他图书情报新技术的应用，这将大大加快图书馆智库建设的步伐。

参考文献

［1］严潮斌，李泰峰. 高校图书馆资源与服务体系建设研究 [M]. 北京：北京邮电大学出版社，2015.

［2］任慧栋. 数字化图书馆研究 [M]. 北京：中国书籍出版社，2017.

［3］刘小琴，吴建中. 数字图书馆发展趋势研究报告 [M]. 上海：上海科学技术文献出版社，2016.

［4］明均仁. 基于用户感知的移动图书馆服务接受与使用行为研究 [M]. 武汉：武汉大学出版社，2017.

［5］陈三保. 新形势下图书馆服务与创新 [M]. 昆明：云南科技出版社，2018.

［6］王洪娟. 图书馆工作新视野之智库服务与建设 [M]. 北京：九州出版社，2019.

［7］傅春平. 公共图书馆智慧服务的探索与实践 [M]. 广州：世界图书出版公司，2020.

［8］张春秀. 大数据思维下图书馆服务转型变革核心原理解读 [J]. 图书馆建设，2020（01）：1-4.

［9］邢滟. 基于智库理念的图书馆决策信息服务模式研究 [J]. 办公室业务，2020（03）：162-163.

［10］陈红梅. 新时代高职院校图书馆服务新型智库建设路径思考 [J]. 经济研究导刊，2020（03）：160-161.

［11］吴雅威，张向先，张莉曼. 面向智库建设的图书馆数据共享空间服务模式研究 [J]. 情报科学，2020，38（01）：10-16.

［12］宦咏梅. 高校图书馆新型智库协同创新服务平台构建研究 [J]. 兰台内外，2019（36）：76-77.